Workbook

to accompany

Negocios sin fronteras

Intermediate Spanish for Business

Karoline Manny
Seminole Community College

Julie Abella

María Fraser-Molina
Durham Technical Community College

Prentice Hall

Upper Saddle River, New Jersey 07458

Publisher: *Phil Miller*
Senior Acquisitions Editor: *Bob Hemmer*
Assistant Director of Production: *Mary Rottino*
Editorial/Production Supervisor: *Lee Shenkman/Victory Productions, Inc.*
Editorial Assistant: *Meghan Barnes*
Prepress and Manufacturing Manager: *Nick Sklitsis*
Prepress and Manufacturing Buyer: *Camille Tesoriero*
Cover design: *Bruce Kenselaar*

This book was set in 10/12 Palatino typeface by Victory Productions, Inc.
and was printed and bound by Demand Production Center.
The cover was printed by Demand Production Center.

© 2003 by Pearson Education
Upper Saddle River, New Jersey 07458

Printed in the United States of America
10   9   8   7   6   5   4   3   2

ISBN 0-13-020687-3

Pearson Education, Ltd, *London*
Pearson Education Australia, Pty. Ltd., *Sydney*
Pearson Education Singapore, Pte. Ltd.
Pearson Education North Asia, Ltd. *Hong Kong*
Pearson Education Canada, Ltd., *Toronto*
Pearson Education de Mexico, S.A. de C.V.
Pearson Education—Japan, *Tokyo*
Pearson Education Malaysia, Pte. Ltd.
Pearson Education, *Upper Saddle River,* New Jersey

Contenido

CAPÍTULO 1

Presentaciones

Paso 1

Vocabulario

A. Escriba un párrafo para contestar las preguntas siguientes.

1. ¿Cómo se llama Ud.?

2. ¿De dónde es Ud.?

3. ¿Cómo está Ud. hoy?

4. ¿Cómo es Ud.?

5. ¿Qué le gusta hacer?

_____

_____

_____

_____

_____

B. Haga una lista de actividades necesarias en su trabajo.

> *Ejemplo:* Yo llamo a los clientes por teléfono.

1. Yo _____

2. Yo _____

3. Yo _____

4. Nosotros _____

5. Mi jefe/a _____

C. Escriba por lo menos diez preguntas que se pueden usar para obtener información personal. Puede incluir preguntas sobre su nombre, nacionalidad, gustos, familia, personalidad, etc.

1. _____

2. _____

3. _____

4. _____

5. _____

6. _____

7. _____

8. _____

9. _____

10. _____

Gramática

D. Escriba la forma del presente de **ser** o **estar** de acuerdo con la situación.

Mi primo Ángel (1.) _____ de Madrid. Él (2.) _____ contador. Ahora, (él)

(3.) _____ en San Diego y (4.) _____ muy satisfecho con su trabajo. Su casa

(5.) _____ en las montañas y la vista (6.) _____ magnífica. Sus padres (7.) _____

profesores en Madrid. Yo no (8.) _____ muy inteligente, pero Ángel (9.) _____ muy listo.

Mi familia y yo (10.) _____ muy contentos de que él esté aquí.

E. Llene los espacios con la forma apropiada de los verbos siguientes. Use el presente.

> escribir   aprender   comprender   enseñar   necesitar

Éste es mi primer día en mi pu*esto nuevo. En este puesto mis colegas y yo (1.) _____ informes sobre

la expansión económica de la compañía. Cada día yo (2.) _____ algo nuevo. Por ejemplo, hoy mis colegas

me (3.) _____ a usar la red local para encontrar y almacenar los datos que yo (4.) _____ para

mi trabajo. Con su ayuda, ahora yo (5.) _____ mejor los usos básicos del ordenador.

F. Complete el diálogo con los verbos necesarios.

Mario: Buenos días, ¿cómo (1.) _____ ?

Gisela: (2.) _____ bien, gracias. ¿Dónde (3.) _____ Ud.?

Mario: Trabajo para una compañía petrolera. ¿Y Ud.?

Gisela: (4.) _____ en un banco y mi esposo (5.) _____ en la universidad. Él

(6.) _____ francés.

Mario: ¿De veras? Yo (7.) _____ un trabajo nuevo, pero primero, (yo) (8.) _____ preparar mi currículum vitae.

Gisela: ¿Y de dónde (9.) _____ Ud.?

Mario: (10.) _____ de Valladolid, España. ¿Y Ud.?

Gisela: Nosotros (11.) _____ de Miami. Hace veinte años que mi familia (12.) _____ en la Florida.

Mario: Hasta luego, Gisela.

Gisela: Adiós, Mario.

Paso 2

Vocabulario

A. Describa una ocasión en que diría lo siguiente.

1. Por favor. _____

2. Lo siento. _____

3. Disculpe. _____

4. Con permiso. _____

5. Perdone. _____

B. En el trabajo, ¿qué actividades asociadas con sus responsabilidades puede/no puede hacer? ¿Qué actividades prefiere hacer?

Puedo/No puedo...

1. _____

2. _____

3. _____

4. _____

Prefiero...

5. _____

6. _____

7. _____

8. _____

C. Describa las responsabilidades de estos empleados con una frase.

1. secretario/a _____

2. gerente _____

3. recepcionista _____

4. agente de publicidad _____

5. técnico/a _____

Gramática

D. Usando la imaginación, forme por lo menos diez frases completas usando las palabras sugeridas a continuación.

yo	recordar
las secretarias	contar
el jefe	probar
mi colega y yo	volver
tú	entender
¿ ?	perder
	querer
	seguir
	repetir
	servir

1. _____

2. _____

3. _____

4. _____

5. _____

6. _____

7. _____

8. _____

9. _____

10. _____

E. Escriba la forma apropiada del verbo y conteste cada pregunta en oraciones completas.

1. ¿A qué hora _____ (salir) Ud. del trabajo?

   _____

2. ¿_____ (tener) Ud. que hacer muchas llamadas telefónicas?

   _____

3. ¿Cuándo _____ (ir) Ud. a almorzar?

   _____

4. ¿Es que Uds. no _____ (saber) usar el fax?

   _____

5. ¿_____ (conocer) Ud. al presidente de su banco?

   _____

F. Escriba una autodescripción de por lo menos quince oraciones. Hable de sus actividades en el trabajo y en su tiempo libre.

_____

_____

_____

_____

_____

_____

_____

_____

_____

_____

_____

_____

_____

_____

_____

Paso 3

Vocabulario

A. Dé un sinónimo para las palabras siguientes.

1. Estimados señores _____

2. tengo el gusto de _____

3. incluido _____

4. esperando _____

5. Cordialmente _____

B. Escriba una definición en español para las palabras siguientes.

1. el sello _____

2. el remitente _____

3. el destinatario _____

4. el apartado postal _____

5. el porte debido _____

6. el matasellos _____

7. la entrega especial _____

8. el código postal _____

9. el franqueo _____

10. la carta certificada _____

_____

C. ¿Bajo qué condiciones se necesita escribir las cartas siguientes?

1. carta para pedir muestras _____

2. carta para anunciar alza de precios _____

3. carta de queja por mal embalaje _____

4. acuso de recibo de pedido _____

5. recordatorio de pago _____

Gramática

D. ¿Qué van a hacer las siguientes personas este año? Use el verbo **ir** y un infinitivo para hablar del futuro.

1. Yo _____

2. Mi departamento _____

3. Mis amigos y yo _____

4. Nuestro jefe _____

5. Los supervisores _____

6. Ustedes _____

E. Escriba cuatro cosas que Ud. sabe hacer.

1. _____

2. _____

3. _____

4. _____

F. Conjugue los verbos correctamente para completar el párrafo.

Mi tía _____ (llamarse) Gloria. Ella _____ (tener) 32 años. _____ (ser) alta,

morena y muy atractiva. Tía Gloria _____ (practicar) francés, español e inglés todos los días porque

ella _____ (trabajar) en el aeropuerto. Ella _____ (venir) a mi casa todos los sábados,

y a veces nosotras _____ (ir) al cine. Mis padres _____ (pensar) que ella es muy divertida.

Ella _____ (vivir) en Madrid y les _____ (escribir) con frecuencia a sus padres. Ellos

_____ (estar) en Salamanca. Tía Gloria no _____ (mirar) mucha televisión, pero sí

_____ (leer) mucho. Su novio Cele _____ (estudiar) arquitectura. Ellos _____ (ir)

a la playa todos los domingos. Yo _____ (querer) que ellos se casen.

Escribamos

Su revista corporativa le pide a Ud. que presente al nuevo director de ventas. Use la información para describir al Sr. García Navarro.

Nombre:	Francisco	*Hijos:*	3
Apellido:	García Navarro	*Ciudadanía:*	España
Edad:	45	*Posición:*	Director de ventas
Estado civil:	casado	*Pasatiempos:*	Pescar, leer y jugar fútbol con sus hijos

_____

_____

_____

_____

_____

_____

_____

Lectura

Los países hispánicos hacen un papel muy importante en el mundo de los negocios. Hay veinte países independientes de habla española con una población total de más de 360 millones de hispanohablantes. También hay más de 35 millones de ciudadanos de los Estados Unidos que hablan español. Los países hispanos producen una variedad de productos importantes que los Estados Unidos importa. Entre ellos hay productos agrícolas de América Central, productos electrónicos de Sudamérica, pretróleo y otros minerales de México y Sudamérica, y farmacéuticos del Caribe.

Además de exportar productos a los Estados Unidos, los países hispanos compran muchos productos de los Estados Unidos. Muchas compañías norteamericanas tienen sucursales en Sudamérica y España. Una de las prioridades del gobierno estadounidense es establecer tratados de libre comercio con nuestros vecinos del sur.

Preguntas

1. Describa la población española mundial.

_____

2. ¿Cuáles son algunos productos que vienen de países hispanos?

_____

3. ¿Hay otras razones por las que los países hispanos son importantes en el mundo de los negocios?

_____

4. ¿Qué quiere negociar el gobierno de los Estados Unidos con los países hispanos?

_____

CAPÍTULO 2

El viaje de negocios

Paso 1

Vocabulario

A. Sinónimos y antónimos. Dé un sinónimo para las palabras siguientes.

1. el billete _____

2. el equipaje _____

3. con retraso _____

4. lleno _____

5. el asistente de vuelo _____

Ahora dé la palabra opuesta y úsela en una frase completa.

6. la salida _____

7. procedente de _____

8. completo _____

9. despegar _____

10. facturar _____

B. Complete las frases siguientes usando el vocabulario de este capítulo.

1. No hay más espacio. El vuelo está _____.

2. El vuelo sale a las 3:00 y ahora son las 2:20. Debo ir a la _____.

3. Para abordar el avión necesito el _____ y la _____.

4. Hay mucha turbulencia y no me siento bien. Necesito la _____.

5. Debo poner mi equipaje de mano en el _____.

6. En el tren, puedo comer en el _____.

7. Abordo el tren en el _____.

8. En el tren, el _____ revisa los billetes.

9. Cuando compro muchos productos en un país extranjero, tengo que pagar _____.

10. Cuando viajo a un país extranjero, tengo que pasar por la _____.

C. Llene los espacios con la forma presente de los verbos siguientes.

> aterrizar   despegar   abrocharse   caber
> abordar   facturar   reclamar   brincar

Hoy salgo para Madrid. Después de llegar al aeropuerto, (1.) _____ mi equipaje y voy a la puerta.

A las 3:10 yo (2.) _____ el avión. Mi equipaje de mano (3.) _____ en el compartimiento

debajo del asiento. El avión (4.) _____ y hay mucha turbulencia. El avión (5.) _____ mucho.

Por eso, yo (6.) _____ el cinturón de seguridad. Después de dos horas, el avión (7.) _____.

En el aeropuerto yo (8.) _____ mi equipaje y salgo para el hotel.

Gramática

D. Use los mandatos para decirles a sus socios lo que deben y no deben hacer cuando viajen al extranjero. Escriba por lo menos cuatro mandatos afirmativos y cuatro negativos.

Sí

1. _____

2. _____

3. _____

4. _____

No

5. _____

6. _____

7. _____

8. _____

E. Usted no está satisfecho/a con su habitación. Use los mandatos para decirle a la recepción lo que deben cambiar.

1. No funciona el aire acondicionado. _____

2. La habitación es muy pequeña. _____

3. No hay muchas toallas. _____

4. No puedo encontrar la guía de teléfonos. _____

5. La sirvienta nunca arregla la habitación. _____

6. Nunca recibo mis mensajes. _____

Nombre _____ Fecha _____

F. Complete el diálogo con los mandatos correctos.

> firmar   endosar   cargar   llenar

Cajero: Buenos días, señor. ¿En que puedo servirle?

Señor: Necesito cambiar unos cheques de viajero y comprar más cheques.

Cajero: Muy bien. Por favor, (1.) _____ este formulario y (2.) _____ su nombre en la línea. ¿Cómo va a pagar por los cheques nuevos?

Señor: (3.) _____ mi tarjeta de crédito, por favor.

Cajero: Señor, también (4.) _____ su cheque de viajero, si no no podemos cambiárselo el cheque.

Señor: Muchas gracias.

Cajero: Para servirle. Adiós.

Paso 2

Vocabulario

A. Describa el trabajo de las personas siguientes.

1. el recepcionista _____

2. el portero _____

3. la criada _____

4. el conserje _____

5. el mesero _____

B. ¿Qué se necesita? Responda a las preguntas usando el vocabulario de este capítulo.

1. ¿Qué necesito para abrir la puerta de mi habitación? _____

2. ¿Qué necesito para colgar la ropa? _____

3. ¿A quién necesito si la habitación está sucia? _____

4. ¿Qué tipo de habitación necesito si hay cuatro personas en mi familia? _____

5. ¿Qué necesito si quiero estar seguro/a de que el hotel tendrá una habitación disponible? _____

C. Complete el párrafo con las palabras apropiadas.

Acabo de alquilar un coche y antes de salir de la agencia quiero revisarlo a ver si todo está en orden. Primero,

necesito confirmar que los (1.) _____ funcionen porque llueve mucho en esta ciudad.

También veo que los (2.) _____ funcionan. Es importante porque tengo que (3.) _____

mucho por la noche. Quiero asegurarme de que no haya ninguna abolladura o marca en los

(4.) _____ o los (5.) _____. Finalmente, veo que las

(6.) _____ no estén pinchadas. Por fin, estoy listo para salir.

Gramática

D. Explique cómo llegar de la Embajada a la sucursal Laroche.

```
Banco
Central

        Sucursal Laroche

                    ★

              ↑

        Bufete Mart n-R os

Embajada          Estac on de
de los Estados Unidos    ferrocarril

          ↑

    ★
Usted esta aqu
```

_____

_____

_____

_____

_____

_____

_____

_____

_____

_____

_____

E. ¿Quién dice lo siguiente? Escriba un mandato apropiado usando las frases de la lista.

> buscar su pasaporte   seguir derecho   subir al vagón número diez
> traer su boleto   hacer las camas

1. Una persona que da direcciones dice: — _____

2. El agente de la aduana dice: — _____

3. El supervisor le dice a la sirvienta: — _____

4. El revisor dice: — _____

5. La azafata dice: — _____

F. Su asistente va a manejar la oficina durante su viaje. Dígale todas las cosas que debe y no debe hacer. Use los mandatos formales. ¡Sea creativo/a!

1. _____

2. _____

3. _____

4. _____

5. _____

6. _____

7. _____

8. _____

9. _____

10. _____

Paso 3

Vocabulario

A. Describa por lo menos tres problemas que pueden ocurrir en...

1. la recepción _____

_____

_____

2. la habitación _____

_____

_____

3. el coche _____

_____

_____

4. el aeropuerto _____

_____

_____

5. el avión _____

_____

_____

B. Complete las oraciones con las palabras apropiadas.

1. El coche que alquilé no arranca. Probablemente necesita una _____ nueva.

2. No hay agua en el radiador y por eso el coche _____ demasiado.

3. Los _____ no funcionan y por eso no puedo parar el coche.

4. El coche se caló. La agencia lo va a _____ y va a darme un coche nuevo.

5. El coche está _____ aceite.

C. Complete las oraciones con las palabras apropiadas.

1. Tuve problemas en la aduana porque no tengo la _____.

2. El hotel perdió mis _____ y está completo. Tendré que ir a otro hotel.

3. Hace frío en la habitación. Quiero más _____ de lana.

4. No puedo ducharme porque no hay _____ ni _____ ni _____.

5. Hace calor y el _____ no funciona.

Gramática

D. Indique qué cosas debe y no debe hacer su abogado para Ud. Use el mandato formal y el pronombre de objeto indirecto.

> *Ejemplos:* Búsqueme el código.
> No me llame a la oficina.

Afirmativo

1. _____

2. _____

3. _____

4. _____

Negativo

5. _____

6. _____

7. _____

8. _____

E. Conteste las preguntas que le hace su secretaria usando el mandato formal y los pronombres de objeto directo.

1. ¿Traigo <u>los informes</u>? No, _____

2. ¿Llamo a <u>la Sra. Lebredo</u>? No, _____

3. ¿Busco <u>un nuevo abogado</u>? Sí, _____

4. ¿Pongo <u>los archivos</u> en su oficina? No, _____

5. ¿Confirmo <u>su vuelo</u>? Sí, _____

F. Complete la nota del Sr. Cruz con las formas correctas del mandato formal y el pronombre. (**Le** representa el objeto indirecto y **lo** representa el objeto directo.)

Manuel:

Por favor, no (1.) _____ (enviarle) el reporte al Sr. Mesa. Primero,

(2.) _____ (leerlo) y después, (3.) _____ (preguntarle) (a mí) si está bien.

Yo voy a estar en mi casa todo el día. No (4.) _____ (llamarle) (a mí). Si necesita ayuda,

(5.) _____ (hablarle) a Margarita. Si necesita mi computadora, (6.) _____

(usarlo). Además, hoy empiezan a trabajar los vendedores nuevos. Por favor, (7.) _____

(entrenarlo) y (8.) _____ (asistirlo) en todo lo necesario. Gracias.

Carlos Cruz

Escribamos

Es la segunda vez que su aerolínea le ha cancelado el vuelo. Escríbale una carta que explique el problema y su necesidad de una compañía fiable.

_____

_____

_____

_____

_____

_____

_____

_____

_____

Lectura

Los trenes en España

¿Qué opciones tenemos en España? Veremos:

El AVE

El AVE es un tren de alta velocidad que viaja entre Madrid y Barcelona, y entre Madrid y Sevilla. Sin embargo, el AVE es algo más que un tren de alta velocidad. AVE es una nueva forma de viajar y un nuevo estilo orientado, desde su diseño, al consumidor. El compromiso de puntualidad y una amplia gama de horarios, servicios y precios hacen del AVE la mejor opción a la hora de desplazarse al sur de España.

El TRD

Como su nombre lo indica, el Tren Regional Diesel "TRD" incorpora las últimas tecnologías en el campo de los motores diesel. Su diseño interior, en consonancia con los últimos estilos de vanguardia, se traduce en un cálido y confortable ambiente. Todo ello hace del TRD uno de los trenes punteros de Europa.

Las Cercanías Renfe

La aplicación de las últimas tecnologías y un cuidado diseño de interiores unido a un servicio de calidad (puntualidad, comodidad, seguridad, alta frecuencia) sitúan a Cercanías Renfe entre las líneas más modernas del mundo. Su capacidad para facilitar un cómodo y rápido acceso al centro de las ciudades ha convertido a las líneas de Cercanías en la alternativa perfecta a los atascos automovilísticos.

Preguntas

1. ¿Qué modo de transportación describe el artículo? _____

2. Nombre y describa brevemente las tres opciones que menciona el artículo. _____

    _____

3. ¿Cuáles son las ventajas de usar el AVE? _____

    _____

4. ¿Cuáles son las ventajas de usar el TRD? _____

    _____

5. ¿Cuáles son las ventajas de usar las Cercanías? _____

    _____

CAPÍTULO 3

La entrevista

Paso 1

Vocabulario

A. Empareje la palabra y su definición. Después, escriba una frase completa usando la palabra.

_____ 1. la casa matriz   a. la persona que nos ayuda en una tienda

_____ 2. la fábrica   b. donde se fabrican productos nuevos

_____ 3. el/la dependiente   c. la oficina central de una compañía

_____ 4. el/la comerciante   d. la persona que abre la puerta de un edificio y nos saluda

_____ 5. el portero   e. una persona que vende productos

Frases

1. _____

2. _____

3. _____

4. _____

5. _____

B. Subraye la palabra que no pertenece al grupo y explique por qué.

1. el puesto   el empleo   el obrero

_____

2. la recepcionista   la gerente   el supervisor

_____

3. el tenedor   el contador   el director

_____

4. el jefe   la empresa   la compañía

_____

5. la fábrica   la tienda   la planta

_____

6. la oficinista   la mecanografista   el interventor

_____

7. la dirección   la gerencia   el técnico

_____

8. el patrón   el labrador   el propietario

_____

C. Dé una descripción en español de lo siguiente. Si no la sabe, busque una definición en el diccionario.

1. la empresa privada _____

_____

2. la empresa pública _____

_____

3. la empresa incorporada _____

_____

4. la compañía limitada _____

_____

5. la sociedad anónima _____

_____

Gramática

D. Conteste las preguntas siguientes con por lo menos tres frases para cada pregunta.

1. ¿Qué hizo la oficinista ayer? _____

_____

2. ¿Qué hizo el jardinero? _____

_____

3. ¿Qué hicieron los supervisores? _____

_____

4. ¿Qué hicieron los contadores? _____

_____

5. ¿Qué hizo Ud.? _____

_____

E. Usando el pretérito y el imperfecto, forme por lo menos cinco frases lógicas con las expresiones siguientes.

La secretaria	hacer cálculos		llegar el jefe
Los inversionistas	hablar con clientes		entrar un cliente
El jefe y yo	llamar al banco	cuando	la Bolsa caer
Tú	resolver problemas		el ordenador colgar
Yo	escribir cartas		yo salir

1. _____

2. _____

3. _____

4. _____

5. _____

F. Escriba un párrafo para describir lo que hacían los empleados mientras el gerente estaba de vacaciones. Incluya por lo menos cinco actividades.

_____

_____

_____

_____

_____

_____

_____

_____

Paso 2

Vocabulario

A. Use las palabras siguientes en frases lógicas.

1. el anuncio clasificado

   _____

2. la media jornada

   _____

3. las referencias

   _____

4. los beneficios

   _____

5. el sindicato

   _____

B. Escriba dos o tres frases para describir las diferencias entre...

1. la solicitud de empleo y el currículum vitae

   _____

   _____

2. la jornada completa, media y parcial

   _____

   _____

3. despedir y jubilarse

   _____

   _____

4. solicitar un puesto y entrevistar para un puesto

   _____

   _____

5. la experiencia y el entrenamiento

   _____

   _____

C. Nombre y describa...

1. tres cosas que necesita llevar a una entrevista: _____

_____

_____

2. tres beneficios que Ud. quiere en su trabajo: _____

_____

_____

3. tres características que impresionan al entrevistador: _____

_____

_____

4. tres preguntas el/la aspirante debe hacer: _____

_____

_____

Gramática

D. Vuelva a escribir el párrafo siguiente usando el pretérito y el imperfecto. Empiece el párrafo con **Ayer** en vez de **Hoy**.

Hoy (1.) tengo una entrevista. La entrevista (2.) es a las 2:00. (3.) Estoy muy nervioso. Cuando (4.) llego a la oficina, (5.) veo que el jefe (6.) habla con otro empleado. Por eso, (7.) espero casi veinte minutos. El ambiente en la oficina (8.) es muy relajado. Los empleados (9.) charlan mientras (10.) trabajan. Por fin la entrevista (11.) empieza. El jefe me (12.) hace muchas preguntas técnicas que (13.) puedo contestar fácilmente. También me (14.) pide demostrar mis habilidades técnicas. Otra vez, (15.) sé hacerlo todo. En general, la entrevista (16.) sale muy bien.

_____

_____

_____

_____

_____

_____

_____

_____

_____

_____

E. Ud. es aspirante para un nuevo trabajo. Escriba un párrafo para describir sus responsabilidades en su último puesto. Use el pretérito de por lo menos cinco verbos diferentes.

_____

_____

_____

_____

_____

_____

_____

F. Escriba un párrafo para describir lo que hizo Ud. para prepararse para una entrevista importante. Use el pretérito de por lo menos cinco verbos diferentes.

_____

_____

_____

_____

_____

_____

_____

_____

_____

_____

Paso 3

Vocabulario

A. Complete el párrafo con palabras apropiadas del vocabulario de este capítulo.

El Sr. Muñoz está muy entusiasmado con la (1.) _____ que le hizo la compañía. Aunque no podrán

darle el (2.) _____ que quería en seguida, sí ofrecieron excelentes (3.) _____ como la

(4.) _____ al fin de un año y tres semanas de (5.) _____. Su (6.) _____

depende de su rendimiento laboral. Se puede (7.) _____ a los 65 años.

B. Escriba una lista de por lo menos cinco frases para describir el proceso que hay que seguir para escribir un C.V.

1. _____

2. _____

3. _____

4. _____

5. _____

C. Use las palabras siguientes en frases lógicas.

1. la oferta _____

2. el ascenso _____

3. la jubilación _____

4. el auxilio de cesantía _____

5. emplear _____

Gramática

D. Complete las oraciones con la forma correcta del pretérito o el imperfecto de los verbos a continuación.

solicitar	emplear	despedir	entrevistar
llenar	competir	jubilarse	tener
hablar			

1. El Sr. García _____ muy temprano —_____ solamente 55 años.

2. En todas las entrevistas yo _____ una solicitud de empleo.

3. ¿_____ (tú) el puesto de que me _____ ayer?

4. ¿Qué gerente _____ a la oficinista?

5. Muchas compañías _____ por ese aspirante.

6. Todas las mañanas nosotros _____ para el puesto de técnico, pero no _____ a nadie.

E. Escriba de nuevo el párrafo siguiente usando el pretérito y el imperfecto. Empiece el párrafo con **Ayer** en vez de **Hoy**.

Hoy (1.) <u>recibo</u> dos ofertas. Infotech (2.) <u>me hace</u> la primera. Ellos (3.) <u>quieren</u> darme un sueldo increíble, pero las prestaciones que (4.) <u>me describen</u> no (5.) <u>son</u> lo que (6.) <u>busco</u>. La otra oferta (7.) <u>es</u> de Sistema Sol. Ellos (8.) <u>me proponen</u> un sueldo regular pero prestaciones perfectas. Así, (9.) <u>negocio</u> un sueldo mejor con Sistema Sol y (10.) <u>acepto</u> la oferta.

_____

_____

_____

_____

_____

_____

_____

_____

_____

_____

F. Imagínese que acaba de hacer una entrevista para su primer puesto profesional. Compare esta entrevista con las entrevistas que hacía para trabajos que tenía cuando asistía al colegio y la universidad. Escriba un párrafo de por lo menos cinco frases usando el pretérito y el imperfecto.

_____

_____

_____

_____

_____

_____

_____

_____

_____

Escribamos

Describa el proceso de buscar trabajo profesional. Incluya todos los detalles posibles.

_____

_____

_____

_____

_____

_____

_____

Lectura

El despido de 1.500 trabajadores de "Mrs. Paul"

Esta semana la compañía "Mrs. Paul Caribe" decidió despedir unos 1.500 trabajadores de una fábrica que opera en la zona portuaria de Mayaguez, Puerto Rico. Los empleados serán notificados a partir de la mañana de este lunes, luego de que concluyera la semana pasada una jornada de extensas reuniones del personal ejecutivo de la empresa. Algunos de estos empleados decidieron aceptar el retiro temprano. Este plan de retiro temprano forma parte de un plan de reorganización del propietario de la fábrica. Con esta decisión, la fábrica va a reducir la producción de pescado a unas 240 toneladas diarias de las más de 600 toneladas que se procesaban antes. Las cesantías serán un rudo golpe a la economía de la región oeste.

Preguntas

1. ¿Qué decisión tomó Mrs. Paul?

_____

2. ¿A cuántas personas va a afectar esta decisión?

_____

3. ¿Por qué se decidió tomar esta decisión?

_____

4. ¿Qué opción eligieron algunas personas?

_____

5. ¿Cómo va a afectar esta decisión a la economía de la región?

_____

CAPÍTULO 4

La tecnología y los negocios

Paso 1

Vocabulario

A. ¿Cierto o falso? Determine si las frases siguientes son ciertas o falsas. Si son falsas, explique por qué.

1. Los impresores de puntos eran muy comunes, pero los impresores de chorro de tinta son más populares hoy.

   _____

2. Para digitalizar las imágenes, hay que usar la palanca de juego.

   _____

3. Para conectarse con la red, se necesita usar la tarjeta de sonido.

   _____

4. Dos factores importantes para la potencia de cálculo son la cantidad de memoria y la velocidad de la unidad central de proceso.

   _____

5. Se pueden archivar documentos en un disco.

   _____

B. Escriba frases originales usando estos verbos.

1. formatear _____

2. copiar y pegar _____

3. escanear _____

4. imprimir _____

5. apagar _____

C. Dé una definición de las palabras siguientes.

1. el ordenador portátil _____

2. el cartucho _____

3. el ratón _____

4. la palanca de juego _____

5. la tecla _____

6. la pantalla _____

7. el archivo _____

8. la carpeta _____

9. el protector de pantalla _____

10. el puntero _____

Gramática

D. Complete las oraciones con un verbo de la lista a continuación. Use el pretérito y el imperfecto.

> navegar   hacer cálculos   hablar   corromper
> terminar   reiniciarse   trabajar   chocar

El lunes pasado...

1. yo _____ cuando un error lógico _____ el programa.

2. él _____ cuando el sistema operativo _____.

3. nosotros _____ hasta que por fin _____ el informe.

4. tú _____ el Internet cuando la conexión _____.

5. ellos _____ en un grupo de discusión cuando la red local _____.

E. Escriba por lo menos cinco frases para describir cómo era su primer ordenador. Use el imperfecto.

1. _____

2. _____

3. _____

4. _____

5. _____

F. Escriba por lo menos cinco frases para describir lo que hizo Ud. ayer con su ordenador. Use el pretérito.

1. _____

2. _____

3. _____

4. _____

5. _____

Paso 2

Vocabulario

A. Complete las oraciones con una palabra del vocabulario de este capítulo.

1. Para escribir una carta se necesita _____

2. Para la contabilidad se necesita _____

3. Para escribr un programa nuevo se necesitan _____

4. Para proteger su ordenador se necesita _____

5. Para recuperar datos perdidos se necesita _____

B. Escriba frases originales usando los verbos siguientes.

1. enrollar _____

2. cargar _____

3. instalar _____

4. insertar _____

5. depurar _____

C. Use las palabras a continuación para escribir un párrafo describiendo el proceso de usar un procesador de palabras e imprimir un informe.

la aplicación	el menú plegable	resaltar	ejecutar
el puntero	la tecla de entrada	imprimir	enrollar
iniciar	abrir	apagar	el documento
hacer un clic	salir		

_____

_____

_____

_____

_____

_____

_____

_____

Gramática

D. Escriba de nuevo el párrafo siguiente usando el pretérito y el imperfecto.

Cuando (1.) <u>trabajo</u> para Sistema Sol, siempre (2.) <u>paso</u> todo el día trabajando con el ordenador. (3.) <u>Recibo</u> y (4.) <u>envío</u> mucho correo electrónico. También (5.) <u>bajo</u> muchos archivos del Internet porque parte de mi trabajo (6.) <u>requiere</u> mucha investigación. Hoy (7.) <u>hago</u> una copia de seguridad cuando el programa (8.) <u>se choca</u>. Siempre (9.) <u>hay</u> problemas con este programa. (10.) <u>Llamo</u> al técnico y él (11.) <u>viene</u> a mi oficina y (12.) <u>resuelve</u> el problema, pero yo (13.) <u>pierdo</u> cinco archivos. (14.) <u>Estoy</u> muy enojado.

_____

_____

_____

_____

_____

_____

_____

_____

E. ¿Qué programas existían cuando empezó Ud. a usar un ordenador? Escriba por lo menos cinco frases para describirlos. Use el imperfecto.

1. _____

2. _____

3. _____

4. _____

5. _____

F. Describa por lo menos cinco servicios de la red local de su universidad o trabajo que haya usado Ud. ayer. Use el pretérito.

1. _____

2. _____

3. _____

4. _____

5. _____

Paso 3

Vocabulario

A. Nombre por lo menos tres factores que afectan lo siguiente.

1. la autentificación a la red _____

2. la velocidad de sus cargas _____

3. lo que se puede hacer en el Internet _____

B. Describa las diferencias entre...

1. el Internet y la red local _____

   _____

2. un botón tipo radio y un cuadro _____

   _____

3. el navegador y el buscador _____

   _____

4. una página Web y una página inicial _____

   _____

5. un URL y un hiperenlace _____

   _____

C. Describa con todo detalle posible el proceso de navegar el Internet. Incluya por lo menos cinco pasos del proceso y use el vocabulario siguiente.

enrollar	terminar la conexión	comenzar la sesión	bajar archivos	hacer el clic
señalar un lugar	hipertexto	página Web	motor de búsqueda	el URL

_____

_____

_____

_____

_____

Gramática

D. Escriba de nuevo el párrafo siguiente usando el pretérito y el imperfecto. Empiece el párrafo con **Ayer** en vez de **Hoy**.

Hoy (1.) <u>tengo</u> mucho que hacer. (2.) <u>Estoy</u> muy ocupado todo el día. (3.) <u>Inicio</u> el ordenador y (4.) <u>empiezo</u> a escribir los informes que (5.) <u>necesito</u> terminar. Los (6.) <u>escribo</u> cuando (7.) <u>entra</u> el jefe. (8.) <u>Está</u> muy alegre porque (9.) <u>ve</u> que (10.) <u>trabajo</u> mucho. Por eso, desgraciadamente, ¡el jefe (11.) <u>me da</u> más trabajo!

_____

_____

_____

_____

_____

_____

_____

E. Identifique por lo menos cinco actividades que pueda hacer en el Internet o las redes locales que antes se hacían de otra manera. Entonces escriba cinco frases describiendo las diferencias. Use el presente y el imperfecto.

_____

_____

_____

_____

_____

F. Usando la imaginación, escriba una frase para describir cómo Alicia usó la tecnología siguiente ayer. Use el pretérito.

1. la impresora

_____

2. el escáner

_____

3. el procesador de palabras

_____

4. el clip art

_____

5. un programa de libre distribución

_____

6. la red local

_____

7. una videocámara

_____

8. una videoconferencia

_____

9. el correo de voz

_____

10. el teléfono móvil

_____

Escribamos

En su propia experiencia, ¿cómo cambió su vida al empezar a usar ordenadores? Escriba por lo menos diez frases usando el pretérito y el imperfecto.

_____

_____

_____

_____

_____

_____

_____

_____

_____

_____

Lectura

Dos viruses peligrosos

Expertos de la industria informática advirtieron sobre la activación, el próximo lunes, del virus CIH. Este virus es conocido también como Chernobyl por estar diseñado para actuar en el aniversario del accidente nuclear ruso. Este virus puede destruir toda la información del disco duro en los ordenadores personales. Además de destruir toda la información, este virus puede dejar el ordenador desactivado al no permitir al usuario lanzar los programas. Se activa el 26 de cada mes, pero una variación conocida como CIH 1.2 actúa sólo una vez al año en el mes de abril. La versión original del virus es más dañina que la conocido como Melissa y la versión CIH 1.2 es aun más perjudicial para los ordenadores personales. El CIH fue creado en Asia el pasado verano. Se extiende por medio del correo electrónico o a través de programas informáticos piratas. El virus emplea una técnica especial que le permite ir rellenando de forma inadvertida el espacio de archivo en los ordenadores personales y burlar la presencia de otros programas antivirus. Según los expertos, la mayoría de los virus son detectados al ocupar más espacio en el disco duro, mientras que en el caso del CIH puede permanecer dormido en el sistema hasta que llega la fecha prevista para su activación. Actualizar el sistema antivirus del ordenador con los últimos avances en este campo es la única forma de defenderse de este maligno intruso, según los especialistas.

Preguntas

1. ¿Qué problema describe el artículo?

_____

_____

2. ¿Cuándo ocurrirá?

_____

_____

3. ¿Qué pueden hacer el CIH y el CIH 1.2?

_____

_____

4. ¿Cómo se extiende el virus?

_____

_____

5. ¿Qué se puede hacer para protegerse contra el virus?

_____

_____

CAPÍTULO 5

La gerencia y la evaluación de empleados

Paso 1

Vocabulario

A. Empareje las palabras de la izquierda con una palabra de la derecha. Escriba una frase usando las palabras.

_____ 1. dirigir   a. el costo

_____ 2. presentar   b. los consejos

_____ 3. archivar   c. la gerencia

_____ 4. calcular   d. la información

_____ 5. consultar   e. el papel

Frases

1. _____

2. _____

3. _____

4. _____

5. _____

B. Complete el párrafo con las palabras apropiadas del vocabulario.

Ayer el gerente me nombró supervisor del proyecto nuevo. Será mi responsabilidad (1.) _____ todo

lo que el proyecto requiere. Entonces yo tengo que (2.) _____ el proyecto y (3.) _____ las

tareas a las personas del equipo. Mientras ellos (4.) _____ con sus responsabilidades, yo

(5.) _____ problemas y (6.) _____ las desviaciones del plan. Cuando termine el proyecto,

tendré que (7.) _____ un informe.

C. Escriba tres párrafos breves usando los siguientes grupos de palabras de una manera lógica.

tomar decisiones	analizar	escribir a máquina
hacer el horario	organizar	contestar el teléfono
coordinar	avanzar	arreglar reuniones
entrenar	rendir un informe	archivar
delegar	calcular	pasar mensajes

_____

_____

_____

_____

_____

_____

_____

_____

_____

_____

_____

_____

_____

_____

Gramática

D. Responda a las situaciones siguientes con una frase completa usando el subjuntivo con verbos de volición.

1. Necesito más información sobre lo que los clientes quieren. (consultar)

   _____

2. Tengo demasiado trabajo y los otros miembros del equipo no tienen suficiente trabajo. (delegar)

   _____

3. No sé cuánto dinero necesitaremos para el proyecto. (presupuesto)

   _____

4. Hay muchas personas en el equipo que siguen el plan. (desviaciones)

   _____

5. Hay muchas personas poco calificadas en el equipo. (entrenamiento)

   _____

E. Escriba por lo menos ocho frases usando las palabras a continuación y el subjuntivo.

yo	recomendar		yo...
tú	sugerir		tú...
ella	insistir en	que	ella...
ellos	aconsejar		ellos...
¿ ?	querer		¿ ?
	exigir		
	mandar		
	decir		

1. _____

2. _____

3. _____

4. _____

5. _____

6. _____

7. _____

8. _____

F. Escriba por lo menos cinco actividades que el gerente quiere que cada una de las siguientes personas haga. Use una variedad de vocabulario y el subjuntivo.

1. el contador _____

_____

2. la secretaria _____

_____

3. el dependiente _____

_____

4. el jardinero _____

_____

5. el técnico _____

_____

Paso 2

Vocabulario

A. ¿Qué palabra no pertenece al grupo? Subráyela y úsela en una frase completa.

1. realizar   desempeñar   correr riesgo

_____

2. mejorar   aumentar   mantener

_____

3. influir   inspirar   establecer

_____

4. llevar al cabo   realizar   motivar

_____

5. ayudar   guiar   iniciar

_____

B. Complete el párrafo con las palabras apropiadas del vocabulario.

Nuestro jefe es ideal. Hace todo lo posible para crear un (1.) _____ positivo en la oficina. Por

ejemplo, permite el (2.) _____ personal porque podemos tener fotos y otros artículos personales en los

escritorios. También nuestro jefe tiene (3.) _____ razonables y siempre nos da la (4.) _____

necesaria. Finalmente, y más importante, el jefe (5.) _____ la comunicación entre todos los empleados.

C. Use las palabras siguientes en una frase lógica.

1. realizar _____

2. evaluar _____

3. mejorar _____

4. averiguar _____

5. desempeñar _____

Gramática

D. Escriba por lo menos seis frases usando las expresiones a continuación.

yo	dudar		yo...
tú	no creer		nosotros...
él	temer	que	Ud...
ellos	senitr		ellos...
¿ ?	alegrarse de		
	avergonzarse		

1. _____

2. _____

3. _____

4. _____

5. _____

6. _____

E. Complete las oraciones con la forma apropiada del verbo.

> guiar   desarrollar   influir
> poder   motivar

1. Dudo que el nuevo gerente _____ iniciar el proyecto solo.

2. No creo que nuestro departamento _____ suficientemente a los empleados.

3. Tememos que la crisis económica _____ negativamente nuestro proyecto actual.

4. El presidente espera que nosotros _____ a todos los empleados.

5. Los empleados se alegran de que la compañía _____ un plan de retiro.

F. Acaba de recibir una carta de un amigo. Él recibió un ascenso y ahora es gerente de su división. Ud. tiene mucha experiencia y él quiere sus consejos. Use los verbos a continuación en el subjuntivo y escriba una carta para darle consejos.

> alegrarse   temer   no creer   recomendar   preocuparse
> dudar   negar   sugerir   aconsejar   sentir

_____

_____

_____

_____

_____

_____

_____

_____

_____

_____

_____

_____

Paso 3

Vocabulario

A. ¿Cuáles son las características que queremos que los empleados tengan? Escoja la característica deseable entre las palabras siguientes y entonces dé una definición de la palabra.

Definición

1. diligente   perezoso   _____

2. flojo   tenaz   _____

3. honrado   deshonesto   _____

4. sin motivación   emprendedor   _____

5. pasivo   exigente   _____

B. Identifique las caraterísticas definidas y entonces complete las frases.

1. Una persona que sabe hacer todas las tareas necesarias para su trabajo es _____.

2. Una persona que puede inventar nuevas maneras de hacer algo es _____

3. Una persona que sigue trabajando aunque el trabajo sea difícil es _____

4. Una persona que demanda mucho de los otros empleados es _____

5. Una persona que puede hablar tiene _____

C. Explique la diferencia entre...

1. una persona tenaz y una persona testaruda _____

   _____

2. una persona segura de sí misma y una persona arrogante _____

   _____

3. una persona seria y una persona de mal humor _____

   _____

4. una persona que tiene don de mando y una persona que tiene don de gente _____

   _____

5. una persona cortés y una persona de buen humor _____

   _____

D. Escriba dos párrafos. En el primero, describa al empleado ideal. En el segundo, describa al peor empleado que pueda imaginar. Use la imaginación y por lo menos cinco palabras del vocabulario en cada párrafo.

_____

_____

_____

_____

_____

_____

_____

_____

_____

_____

_____

Gramática

E. Use el vocabulario siguiente y el subjuntivo para responder a las situaciones siguientes.

> Es dudoso que   Es una lástima que   Es ideal que   Es importante que   Es interesante que

1. Hace dos meses que su amigo trabaja con una compañía nueva y dice que recibió un aumento de sueldo.

_____

2. Su amigo tiene un jefe muy difícil.

_____

3. Ud. acaba de recibir una oferta de una compañía con una reputación fantástica.

_____

4. Ud. quiere un ascenso.

_____

5. Ud. acaba de descubrir que hay una oportunidad nueva en la compañía.

_____

F. Su colega va a pedir un aumento de sueldo y le pide consejo. Use las expresiones siguientes y escriba por lo menos cinco consejos que Ud. puede darle.

> Es importante   Es preciso   Es lógico
> Es necesario   Es preferible

1. _____

2. _____

3. _____

4. _____

5. _____

Escribamos

Ud. ha notado que los empleados en su división no usan su tiempo eficazmente. Use el subjuntivo para escribir un memo de quince frases describiendo cómo quiere que cambien.

_____

_____

_____

_____

_____

_____

_____

_____

_____

_____

_____

_____

_____

_____

Lectura

La tecnología y la gerencia: Nuestro futuro

Tecnología y desarrollo es un binomio que necesita de poca explicación. Si dijéramos que la tecnología puede materializarse como factor clave de desarrollo, sí y sólo sí, se la maneja, administra, gestiona o gerencia en forma efectiva, habrá varios, quizá bastantes entre nosotros, que estemos de acuerdo. Sin embargo, nociones como ésta, siendo igual de relevantes y pertinentes, no acaban de "aterrizar" en el entendimiento de muchos de nosotros, y deambulan como fantasmas ignorados por algunos, como si no existieran. La Gerencia de Tecnología vive hoy en México una de sus épocas más desafortunadas a pesar de que es hoy cuando más se necesitaría que nuestro país tuviera en la gerencia de tecnología uno de sus principales motores del desarrollo tecnológico que tanto necesita.

Entonces, ¿qué podemos o debemos hacer?

- Respaldar aquellas iniciativas que permitan ampliar las opciones para que los gerentes de tecnología tengan dónde formarse de manera más completa.
- Impulsar la investigación sobre la gerencia de tecnología en nuestro ámbito y contexto para completar y para "tropicalizar" lo que ahora aprendemos del exterior.
- Convencer a los que toman las decisiones en las esferas públicas de que la gerencia de tecnología es un importante factor de éxito para sus demás iniciativas.

Preguntas

1. ¿Qué problema identifica el artículo?

_____

2. ¿Qué causa este problema?

_____

3. ¿Por qué es tan importante resolver este problema?

_____

4. Describa las recomendaciones del autor para resolver el problema.

_____

_____

_____

5. ¿Qué opina Ud.? ¿Serán suficientes estas sugerencias? ¿Añadiría Ud. algo más?

_____

_____

CAPÍTULO 6

Importación y exportación

Paso 1

Vocabulario

A. Dé una definición de las palabras siguientes.

1. la barrera arancelaria _____

_____

2. la aduana _____

_____

3. el pacto comercial _____

_____

4. la marca de fábrica _____

_____

5. el arancel _____

_____

B. Nombre por lo menos dos cosas o personas que se asocian con lo siguiente y explique la asociación.

1. el intermediario _____

_____

2. el consumo _____

_____

3. el costo _____

_____

4. la marca _____

_____

5. el abastecedor _____

_____

C. Escriba una o dos oraciones usando cada grupo de palabras.

1. la muestra, la cotización, el catálogo, pedir

   _____

   _____

2. el inventario, el almacén, el abastecedor, surtir

   _____

   _____

3. la aduana, el embarcador de aduana, la barrera arancelaria, el pacto comercial

   _____

   _____

4. la marca, el costo, la demanda, agotado

   _____

   _____

5. equivocar, revisar, devolver, reembolsar

   _____

   _____

Gramática

D. Conteste las preguntas usando el subjuntivo si es necesario.

1. ¿Hay una marca de fábrica que sea conocida mundialmente?

   _____

2. ¿Existe alguna agencia que gobierne la importación de productos?

   _____

3. ¿Conoce Ud. una compañía que nunca aumente sus precios?

   _____

4. ¿Sabe Ud. de un país que no tenga recursos naturales?

   _____

5. ¿Hay algunos productos que sean ilegales?

   _____

E. Use las expresiones a continuación, el vocabulario del capítulo y el subjuntivo para escribir por lo menos cinco frases completas.

Busco	un abastecedor	
Necesito	un embarcador de aduana	
No hay	una marca	que...
No recuerdo	un precio de compra	
No es que	un producto	

1. _____

2. _____

3. _____

4. _____

5. _____

F. Complete el párrafo con la forma apropiada del verbo.

> encontrar   contratar   esperar   exportar   investigar   querer   tener

Mi jefe quiere que yo (1.) _____ la posibilidad de empezar a (2.) _____ nuestros productos al exterior. No es que él (3.) _____ lo imposible, pero lo que (4.) _____ será dificil de encontrar. Primero, insiste en que yo (5.) _____ sólo países que no (6.) _____ barreras arancelarias. De hecho, prefiere países que (7.) _____ aranceles preferenciales con nuestro país. Por eso, necesito los servicios de un embarcador de aduana que (8.) _____ muchos años de experiencia.

Paso 2

Vocabulario

A. Nombre por lo menos tres productos que se venden por...

1. tonelada _____   _____   _____

2. onza _____   _____   _____

3. docena _____   _____   _____

4. galón _____   _____   _____

Nombre por lo menos tres productos que se venden en...

5. bolsas _____   _____   _____

6. botellas _____   _____   _____

7. cajas _____   _____   _____

8. latas _____   _____   _____

B. Describa la diferencia entre lo siguiente.

1. el arancel normal y el arancel preferencial _____

   _____

2. el/la detallista y el/la mayorista _____

   _____

3. la importación y la exportación _____

   _____

4. el precio de compra y el precio de venta _____

   _____

5. la muestra y el inventario _____

   _____

C. Use las palabras siguientes en una frase lógica.

1. la muestra _____

2. el recurso _____

3. las de costumbre en la plaza _____

4. el flete _____

5. la factura _____

Gramática

D. Traduzca al español las frases siguientes.

1. We will not send you the samples until you fill out this form.

   _____

2. We cannot check the inventory without the accountant being (**estar**) present.

   _____

3. We will increase the price in order to lower demand.

   _____

4. We can import these products provided that they do not violate import treaties.

   _____

5. We will send the merchandise as soon as we receive your payment.

   _____

E. Use las expresiones a continuación para escribir por lo menos cinco frases completas.

Yo	vender el producto	antes de que...
El mayorista	enviar el producto	a menos que...
Los abastecedores	negociar precios	con tal de que...
El cliente y yo	importar	para que...
Tú	pedir reembolso	cuando...

1. _____

2. _____

3. _____

4. _____

5. _____

F. Usando la imaginación, termine las frases siguientes con el subjuntivo.

1. ¿Por qué aumentó Ud. el precio?

   Para que _____

2. ¿Cuándo me enviará la cotización de precios?

   Tan pronto como _____

3. ¿Bajo qué condiciones me enviará los productos?

   Con tal de que _____

4. ¿Hasta cuándo serán válidos estos precios?

   Hasta que _____

Paso 3

Vocabulario

A. Nombre y describa por lo menos tres problemas asociados con lo siguiente.

1. el empaque _____

   _____

   _____

2. la demanda alta _____

   _____

   _____

3. los envíos de comida _____

   _____

   _____

4. los envíos de equipo frágil _____

   _____

   _____

B. Indique si cada frase es lógica o ilógica. Si no es lógica, explique por qué.

1. Puedo vender la comida rancia que recibí ayer.

   _____

2. El abastecedor puede enviarnos los productos aunque estén agotados.

   _____

3. Cuando recibo un pedido incompleto, quiero un ajuste.

   _____

4. Los productos que recibimos están averiados. Tengo que hacer un reclamo por demoras.

   _____

5. Recibimos productos descoloridos. Voy a pedir un reembolso.

   _____

C. Dé una definición de las palabras siguientes.

1. agotado/a _____

   _____

2. el ajuste _____

   _____

3. el seguro _____

   _____

4. la demora _____

   _____

5. averiado/a _____

   _____

Gramática

D. Use el vocabulario de este capítulo para terminar las frases de una manera lógica.

1. Es lástima que _____

2. Es importante que _____

3. No creemos que _____

4. Busco un agente que _____

5. No hay nadie que _____

6. Lo haré con tal de que _____

7. Compramos los productos para que _____

8. Mi jefe recomienda que _____

9. Temo que _____

10. Siento que _____

E. Complete el párrafo con la forma apropiada del verbo.

surtir	poder	ser	ir	reembolsar	vender
pagar	empacar	recibir	haber hecho	dejar de	tener

La presente es para informarles de unos problemas con su envío del 5/6. Recibí los productos en malas condiciones. Los vestidos están descoloridos y manchados. Lo peor es que dudo que el embarcador de carga (1.) _____ todo lo que le pedí para asegurar el envío. No creo que yo (2.) _____ a recibir un reembolso de su compañía, pero tampoco creo que solamente el embarcador de carga (3.) _____ la culpa. Es obvio que su compañía no (4.) _____ los productos cuidadosamente. De hecho, éste es el tercer envío que recibimos de Uds. en malas condiciones. Estoy bien desilusionada de que su servicio (5.) _____ tan malo. Por eso, insisto en que Uds. nos (6.) _____ todo el precio de los productos y el envío. Además, será necesario que Uds. también (7.) _____ el flete cuando devolvamos los productos. Es la tercera vez que hemos devuelto productos y ya no queremos pagar por sus errores. Haremos más pedidos a su compañía en el futuro con tal de que Uds. (8.) _____ garantizar los envíos. Además no pagaremos hasta que (9.) _____ el envío en buenas condiciones. Desgraciadamente, no es posible (10.) _____ comprarlos de Uds. ya que no hay otra compañía que (11.) _____ estos productos.

F. Use el vocabulario de este capítulo y el subjuntivo para responder a las situaciones siguientes.

1. El abastecedor siempre nos envía productos averiados.

   _____

2. Recientemente hemos experimentado alta demanda y los productos casi están agotados. El abastecedor no nos puede enviar más.

   _____

3. Recibimos los comestibles después de la fecha de vencimiento.

   _____

4. Recibimos un pedido incompleto.

   _____

5. No compré seguros y recibí unos productos rotos.

   _____

Escribamos

Imagínese que Ud. es mayorista. ¿Qué productos le gustaría vender? ¿De dónde vendrían? ¿Qué tendría que hace para obtenerlos? Escriba un párrafo que describe el trabajo de un mayorista.

_____

_____

_____

_____

_____

_____

_____

_____

_____

_____

_____

Lectura

Cambios económicos en Argentina: una reacción contra la devaluación del dinero brasileño

Recientemente la economía brasileña sufrió un golpe fuerte causado por la devaluación de su moneda. Debido a esta crisis, el gobierno de la Argentina anunció ayer que adelantará y ampliará la rebaja de los aportes patronales para mejorar la competitividad de las firmas argentinas. Según el anuncio, hay dos cambios principales. Primero, los aportes se reducirán en cinco puntos porcentuales, en vez de tres. Segundo, la baja empezará en febrero en lugar de abril como estaba previsto en el cronograma oficial. Este beneficio ayudará a las empresas del sector industrial y de producción de bienes primarios (minería y campo, por ejemplo). Los sectores de comercio y servicios todavía seguirán el cronograma que fijó una baja de tres puntos en abril, tres puntos en agosto y cuatro en diciembre que completarán los diez puntos porcentuales comprometidos por el gobierno. Los trabajadores y propietarios de industrias están muy alegres con la decisión oficial, aunque la consideraron un gesto político dispuesto por el presidente Menem para hacer frente a la presión que ejercieron desde el sector fabril. El gobierno dice que el adelanto tiene por objetivo aliviar la situación de los empresarios ante la devaluación en el Brasil y destacó que este beneficio le costará al fisco 220 millones de dólares.

Preguntas

1. ¿Qué va a hacer el gobierno argentino como respuesta a la crisis brasileña?

   _____

   _____

2. ¿Qué sectores industriales afectará a esta decisión?

   _____

   _____

3. Según los detractores del presidente, ¿por qué hizo el presidente este cambio?

   _____

   _____

4. Según los detractores del plan, ¿cuánto costará?

   _____

   _____

CAPÍTULO 7

La economía

Paso 1

Vocabulario

A. Dé una definición de las palabras siguientes.

1. las transferencias _____

_____

2. el capitalismo _____

_____

3. los recursos de producción _____

_____

4. el socialismo _____

_____

5. la redistribución de rentas _____

_____

B. Complete las oraciones con las palabras apropiadas.

> transferencias   competencia   menos probable de ofender   medios
> recursos   impuestos   externalidades negativas

1. En una economía por mandato el gobierno controla los _____ y los

_____ de producción.

2. En una economía del mercado la _____ influye mucho en el sistema de precios.

3. El gobierno establece leyes para proteger el medio ambiente y los individuos de _____.

4. El gobierno usa las _____ para proveer asistencia pública.

5. Un sistema justo de _____ está basado en el principio de _____.

C. Determine si las frases siguientes son ciertas o falsas. Si son falsas, indique por qué.

1. La economía por mandato permite que la ley de demanda y oferta controle la producción.

   _____

   _____

2. La economía de mercado requiere que el gobierno determine lo que las industrias producen.

   _____

   _____

3. Todas las economías del mundo son economías mixtas.

   _____

   _____

4. La toma de decisión es un proceso que requiere conocimiento de todos los aspectos de la producción.

   _____

   _____

5. Para fabricar productos solamente se necesita los medios de producción.

   _____

   _____

Gramática

D. Use las expresiones y el vocabulario de este capítulo para formar cinco frases lógicas.

yo		escribir
nosotros		hacer
tú	haber	resolver
él		decir
ellos		poner

1. _____

2. _____

3. _____

4. _____

5. _____

E. Complete el párrafo con la forma apropiada del presente perfecto del verbo.

> interferir   afectar   hacer   tratar   influir

Muchos factores (1.) _____ a la economía del país. Tenemos una economía mixta. Por eso, el

gobierno (2.) _____ en la economía tanto como los altibajos del mercado. Los inversionistas, los

fabricantes y los consumidores (3.) _____ todo lo posible para influir positivamente en la economía.

El gobierno (4.) _____ de corregir los problemas que aumenten, pero a veces (5.) _____

demasiado causando más problemas.

F. ¿Qué han hecho las personas o entidades siguientes hoy? Termine cada oración usando el presente perfecto
y el vocabulario de este capítulo.

1. El congreso _____

2. Los propietarios de fábricas _____

3. El economista y yo _____

4. Yo _____

5. Tú _____

Paso 2

Vocabulario

A. Complete las oraciones con las palabras apropiadas.

> gustos   materias primas   servicios públicos   macroeconomía   demanda y oferta

1. La _____ se enfoca en la economía en su totalidad.

2. Se usan _____ para fabricar productos para vender.

3. Es la responsabilidad del gobierno proveer _____ .

4. La ley de _____ es un concepto central de la macroecnomía.

5. Los _____ del consumidor influyen en el mercado.

B. Use las palabras siguientes en una frase lógica.

1. los bienes raíces _____

2. el capital _____

3. el presupuesto _____

4. la deuda nacional _____

5. los servicios públicos _____

C. Describa los factores que influyen en lo siguiente.

1. el mercado _____

   _____

2. el presupuesto _____

   _____

3. la deuda nacional _____

   _____

4. la demanda y la oferta _____

   _____

5. el punto de equilibrio _____

   _____

Gramática

D. Use las expresiones siguientes, el vocabulario de este capítulo y el presente perfecto del subjuntivo para formar cinco frases lógicas.

Es importante		yo		escribir
Es preferible		nosotros		romper
Siento	que	tú	haber	resolver
Dudo		ella		imponer
Le recomiendo		ellos		hacer

1. _____

2. _____

3. _____

4. _____

5. _____

E. Use el presente perfecto del subjuntivo y el vocabulario de este capítulo para terminar las frases siguientes.

1. Espero que el gobierno _____

2. No estoy seguro/a que la economía _____

3. Los economistas sugieren que la compañía _____

4. No hay ningún economista que _____

5. Es preciso que los inversionistas _____

F. Escriba un párrafo para describir lo que Ud. recomienda que la compañía haya hecho para el fin de año para mejorar su producción. Escriba por lo menos cinco frases y use el presente perfecto del subjuntivo.

Ejemplo: Para el fin de año es importante que la compañía haya...

_____

_____

_____

_____

_____

_____

_____

_____

_____

Paso 3

Vocabulario

A. Empareje las palabras de la columna A con la definición de la columna B.

A	B
_____ 1. la racionalidad	a. lo que quieren las personas que compran productos
_____ 2. las restricciones del presupuesto	b. la teoría de que el consumidor se comporta de una manera lógica
_____ 3. reducir	c. una ciencia social que se enfoca en el consumidor
_____ 4. las preferencias de los consumidores	d. la realidad de que no se puede comprar todo lo que se quiere
_____ 5. la microeconomía	e. disminuir

B. Dé el sustantivo asociado con los verbos siguientes y use el presente perfecto de cada verbo en una frase lógica.

1. decidir _____

_____

2. competir _____

_____

3. reducir _____

_____

4. beneficiar _____

_____

5. sustituir _____

_____

C. Complete el párrafo con las palabras apropiadas.

> restricciones del presupuesto   precio   preferencias   consumidores
> gustos   afectar

Uno de los factores que puede influir en la economía son las (1.) _____. En general, sobre todo el consumidor se fija en el (2.) _____ del producto. Eso es porque cada consumidor tiene ciertas (3.) _____. Pero hay otros (4.) _____ como la calidad, durabilidad y versatilidad que pueden (5.) _____ a sus decisiones también.

Gramática

D. Escriba un párrafo describiendo lo que la compañía había hecho para atraer a más clientes. Escriba por lo menos cinco frases y use el pluscuamperfecto.

_____

_____

_____

_____

_____

_____

_____

E. Use las palabras siguientes, el vocabulario de este capítulo y el pluscuamperfecto para escribir por lo menos cinco frases lógicas.

yo		inscribir
nosotros		cubrir
tú	haber	devolver
ella		ver
ellos		abrir

1. _____

2. _____

3. _____

4. _____

5. _____

F. Elija uno de los sujetos siguientes y use el pluscuamperfecto de los verbos para terminar la frase siguiente de una manera lógica.

yo	la compañía
tú	los inversionistas
el jefe y yo	

Antes de las recesión económica...

1. haber invertido su dinero sabiamente

_____

2. haber decidir despedir a unos empleados

_____

3. haber reducir la producción

_____

4. haber resolver unos problemas financieros

_____

5. haber corregir unas tendencias económicas negativas

_____

Escribamos

Escriba un párrafo de diez frases que explica las ventajas y desventajas de la economía por mandato y la economía de mercado.

_____

_____

_____

_____

_____

_____

_____

_____

_____

_____

_____

Lectura

El FMI en América Latina

Hay un movimiento fuerte en Sudamérica para la dolarización de las economías latinoamericanas. Esto quiere decir que quieren unificar y estabilizar los diferentes tipos de dinero usados en cada país individual. Eso ya se ha hecho, por ejemplo, en la Unión Europea. Un debate sobre la dolarización del Tratado de Libre Comercio de América del Norte (TLC: EEUU, Canadá, México) empezó en el Canadá. También, el presidente Carlos Menem propuso una moneda única del Mercosur y luego indicó que la Argentina estaba consultando con los Estados Unidos la posibilidad de adoptar el dólar. A pesar de esta actividad, oficiales de los Estados Unidos y el Fondo Monetario Internacional (FMI) aconsejaron a Latinoamérica proceder cuidadosamente con respecto al tema de la dolarización de sus economías. Ellos ponen énfasis en que tal medida pasa por la adopción de una estricta disciplina fiscal y el mantenimiento de los equilibrios macroeconómicos básicos. Michel Camdessus, el director-gerente del FMI, notó que el proceso de convertir el dólar en la moneda del Mercosur (Brasil, Argentina, Uruguay, Paraguay) o de cualquier otro grupo de países requerrá la convergencia de las economías. El secretario del Tesoro, Robert Rubin, añadió que ningún sistema de cambio garantizará estabilidad monetaria y dijo también que ningún país debería adoptar el dólar sin consultar previamente con las autoridades de los Estados Unidos. Sin embargo Camdessus, reconoció que la dolarización es ya parte de la vida económica en muchos países de América Latina porque lleva muchas ventajas. Por ejemplo, en países que están dolarizados, como Panamá, un asalariado puede obtener un crédito hipotecario a 30 años al 9 por ciento en la misma moneda en que recibe su sueldo.

Preguntas

1. Defina "dolarización".

   _____

   _____

2. ¿Quiénes han propuesto planes para la dolarización de la moneda de sus países?

   _____

   _____

3. ¿Qué piensa el director-gerente del FMI de este proceso en Latinoamérica?

   _____

   _____

4. ¿Qué beneficios vio Panamá debido a la dolarización de su moneda?

   _____

   _____

CAPÍTULO 8

La campaña publicitaria

Paso 1

Vocabulario

A. Empareje los verbos de la columna A con una frase lógica de la columna B.

A	B
_____ 1. lanzar	a. una encuesta
_____ 2. formular	b. una garantía
_____ 3. pedir	c. los gustos del consumidor
_____ 4. poner	d. un producto al mercado
_____ 5. estar	e. datos
_____ 6. satisfacer	f. una estrategia
_____ 7. hacer	g. de estatus
_____ 8. recoger	h. a la moda
_____ 9. subir	i. los cambios en el mercado
_____ 10. analizar	j. en marcha una campaña publicitaria

B. Indique si la frase es cierta o falsa y explique su respuesta.

1. Hoy en día los anuncios en los periódicos atraen más atención del público que los anuncios en la televisión.

   _____

2. Es mejor si los anuncios incluyen un buen lema.

   _____

3. Los trucos publicitarios son una buena y honesta manera de fomentar interés en un producto.

   _____

4. Es importante tener una gama amplia de clientes.

   _____

5. Sería fácil diseñar una campaña publicitaria sin saber nada del producto.

   _____

C. Escoja tres productos que se venden. Después, haga lo siguiente para cada uno de estos productos.

1. Describa las características en que se enfocaría para vender este producto. Considere:

el tamaño   el material
el color   el diseño
la marca   el precio
la versatilidad   otros: _____
la durabilidad

a. _____

_____

_____

b. _____

_____

_____

c. _____

_____

_____

2. Describa al consumidor típico de este producto. Considere:

la edad   los valores
el sexo   los gustos
el estado civil   otros: _____
la nacionalidad

a. _____

_____

_____

b. _____

_____

_____

c. _____

_____

_____

Gramática

D. Complete el párrafo con la forma apropiada del verbo usando el futuro.

> subir el estatus   doblar   lanzar   estimular   atraer

Mañana el agente de publicidad (1.) _____ una campaña publicitaria nueva. Él está seguro que esta

campaña (2.) _____ mucho interés en el producto. Ha dicho que la empresa (3.) _____ sus

ventas con toda la atención que (4.) _____. Con este éxito el agente (5.) _____ de su

agencia.

E. Termine las frases siguientes usando el futuro.

Mañana...

1. el agente de publicidad _____

2. el vendedor _____

3. los productos _____

4. el anuncio _____

5. el mayorista _____

F. Ud. es agente de publicidad y tiene un cliente nuevo que vende coches. Describa todo lo que hará para diseñar su campaña publicitaria. Escriba por lo menos diez frases usando el futuro.

_____

_____

_____

_____

_____

_____

_____

_____

_____

_____

Paso 2

Vocabulario

A. ¿Qué palabra no pertenece? Subraye la palabra que no pertenece al grupo. Entonces úsela en una frase completa.

1. prensa   lema   periódico

   _____

2. creencia   sabor   valor

   _____

3. promover   fomentar   arriesgarse

   _____

4. subir   captar   atraer

   _____

5. aroma   folleto   catálogo

   _____

B. ¿Qué medio de difusión se debe usar para vender los productos siguientes y por qué?

1. una novela _____

   _____

2. un coche _____

   _____

3. el maquillaje _____

   _____

4. un equipo técnico especializado _____

   _____

5. la ropa _____

   _____

C. Dé una definición de las palabras siguientes.

1. el fabricante _____

2. la calidad _____

3. la revista _____

4. la moda _____

5. las exigencias _____

6. el mercado _____

7. la encuesta _____

8. la tentación _____

9. persuadir _____

10. recoger datos _____

Gramática

D. Complete el párrafo con el futuro del verbo apropiado.

> poder   hacer   decir   salir   poner

Mañana nuestro agente de publicidad (1.) _____ unos anuncios en los periódicos y la televisión.

Los anuncios (2.) _____ no sólo en los periódicos locales sino también en los periódicos nacionales.

Con ellos, nosotros (3.) _____ vender más productos que antes. También el agente puede analizar los

resultados de los anuncios. Él nos los (4.) _____ en una reunión que hemos arreglado para el mes que

viene. Él (5.) _____ unos gráficos para que sea más fácil de entender.

E. Con imaginación, use las palabras siguientes para formar frases completas usando el futuro. (Tendrá que agregar algunos artículos y controlar la concordancia [*agreement*] para que las frases estén correctas.)

1. agente/hacer/lema

_____

2. anuncios/decir/verdad/y/no usar trucos publicitarios

_____

3. productos/salir/a la venta

_____

4. equipo de mercadeo/tener/campaña publicitaria

_____

5. consumidores/querer/productos/confiable

_____

F. Termine las frases siguientes usando el futuro.

1. El mayorista (querer) _____

2. El consumidor (tener) _____

3. El promotor (poner) _____

4. Los clientes (venir) _____

5. Los fabricantes (decir) _____

Paso 3

Vocabulario

A. Use las palabras siguientes en una frase lógica.

1. el truco publicitario _____

2. engañar _____

3. tentar _____

4. poner al alcance _____

5. el precio justo _____

6. el envase _____

7. la competencia _____

8. contar con _____

B. Cuando Ud. compra un producto nuevo, ¿qué factores afectan a su decisión y por qué? Nombre y explique por lo menos cinco factores.

_____

_____

_____

_____

_____

_____

C. Escriba un párrafo en que nombra y describe por lo menos cinco estrategias deshonestas que los agentes de publicidad pueden usar para engañar al público.

_____

_____

_____

_____

_____

_____

_____

Gramática

D. Use las palabras siguientes y expresiones propias para formar frases completas. Use el futuro perfecto y agregue algunos artículos para que las frases estén correctas.

Para la reunión mañana...

1. los mayoristas/diseñar/producto superior

_____

2. el agente/escribir/lema

_____

3. la prensa/imprimir/anuncios

_____

4. el promotor y yo/hacer/encuesta

_____

5. yo/estudiar/gustos del consumidor

_____

E. Escriba lo que las siguientes personas habrán hecho para mañana para ayudar con el análisis de la encuesta después de distribuirla a los clientes y recibir las respuestas.

1. El consumidor _____

2. El agente de publicidad _____

3. El vendedor y sus empleados _____

4. El gerente y yo _____

5. Los abastecedores _____

F. El cliente quiere saber cómo van los planes para la encuesta que hacen para obtener información sobre el mercado en una región nueva. El agente de publicidad tiene que escribir un informe sobre todo lo que <u>habrá hecho</u> para el viernes.

_____

_____

_____

_____

_____

_____

_____

Escribamos

Ud. conoce muy bien el mercado de la ciudad en que vive. Escriba unos consejos para su compañía sobre los consumidores y el tipo de productos que podrían vender.

_____

_____

_____

_____

_____

_____

_____

_____

_____

Lectura

Una campaña publicitaria nueva de Europa

Seat Toledo, una compañía europea que vende automóviles, lanza hoy una nueva campaña publicitaria. El estilo de esta campaña europea es algo nuevo. Seat, por medio de la agencia de publicidad responsable de su comunicación, Bates Europa, pretende acercarse al público más joven. Así, quieren asociarse con la modernidad mientras mantienen la imagen de alta calidad y buen precio que la ha caracterizado en los últimos años. Bates Europa también está trabajando en el diseño de una nueva identidad corporativa para el fabricante de coches. La nueva publicidad de Seat pone énfasis en la incorporación de los valores técnicos del producto. Ésta es una faceta del producto que hasta el momento ha sido poco explotada por el grupo Volkswagen.

Preguntas

1. ¿Cómo se llama la agencia de publicidad que Seat Toledo emplea?

   _____

2. ¿Qué cambios verá el público en el estilo de esta campaña publicitaria nueva?

   _____

3. Además de lanzar una campaña publicitaria nueva, ¿qué otro proyecto tienen la agencia de publicidad y Seat Toledo?

   _____

4. Con todos estos cambios, ¿qué no ha cambiado en lel producto de Seat Toledo?

   _____

Nombre _____ Fecha _____

CAPÍTULO 9

Finanzas I

Paso 1

Vocabulario

A. Dé el sustantivo que corresponde a los verbos siguientes y úselos en una frase lógica.

1. pagar _____

_____

2. gastar _____

_____

3. cargar _____

_____

4. depositar _____

_____

5. girar _____

_____

B. Complete el párrafo con las palabras apropiadas.

> estado   caja automática   cuenta   banca telefónica   sucursal

Hoy en día es muy conveniente ir al banco. Primero, hay una (1.) _____ en casi cada esquina de

la ciudad. Cada una tiene una (2.) _____ que se puede usar después de horas. Y si no se

quiere ir al banco, se puede usar la (3.) _____. Muchos bancos tienen acceso electrónico

que el cliente puede usar para ver su (4.) _____ de cuenta y recibir información corriente sobre su

(5.) _____.

C. Dé una definición de las palabras y frases siguientes.

1. abrir una cuenta _____

_____

2. transmitir fondos _____

_____

3. el giro postal _____

_____

4. el debe _____

_____

5. el costo de manutención _____

_____

6. la sucursal _____

_____

7. el carnet _____

_____

8. el pagaré _____

_____

Gramática

D. Complete el párrafo con la forma condicional de los verbos siguientes.

> crecer   depositar   ajustar   transferir   retirar

Mi amigo no sabe si debe ahorrar más dinero. Si fuera él, yo (1.) _____ por lo menos el diez por

ciento de lo que gano cada semana. También yo (2.) _____ mi presupuesto para no gastar tanto dinero

y al fin de cada mes, después de pagar las cuentas, yo (3.) _____ cualquier dinero extra de la cuenta

corriente a la cuenta de ahorros. Así, la cuenta (4.) _____ rápidamente. Finalmente, no

(5.) _____ dinero de mi cuenta de ahorros porque es muy importante ahorrar dinero.

E. Responda a las situaciones siguientes. Use el condicional de los verbos a continuación.

> girar   depositar   pagar a plazos   consultar   pagar

1. Acabo de recibir una cantidad grande de dinero.

   _____

2. Tengo muchas cuentas.

   _____

3. Quiero invertir mi dinero sabiamente.

   _____

4. No tengo dinero en efectivo conmigo.

   _____

5. No tengo dinero suficiente para pagarlo todo inmediatamente.

   _____

F. Escriba un párrafo para describir lo que haría con su dinero si no tuviera que pagar ninguna cuenta.

_____

_____

_____

_____

_____

_____

_____

_____

_____

_____

Paso 2

Vocabulario

A. Use las palabras siguientes para escribir tres párrafos lógicos.

el balance de cierre	los gastos	la utilidad bruta
el balance remanente	las ganancias	la utilidad neta
el balance a cuenta nueva	las deudas	el margen de beneficios

_____

_____

_____

_____

_____

_____

_____

_____

_____

_____

_____

_____

B. ¿Qué palabra no pertenece? Subraye la palabra que no pertenece al grupo y úsela en una frase completa.

1. la nómina   los ingresos   el debe

_____

2. el estado   el saldo   el libro de actas

_____

3. sin fondos   el banco   el sobregiro

_____

4. los pasivos   la deuda   el flujo de caja

_____

5. encargar   la bancarrota   sacar de apuro

_____

C. ¿Qué necesita el contador si...

1. quiere calcular la utilidad neta de la empresa?

   _____

2. quiere calcular el margen de beneficios?

   _____

3. quiere ver las transacciones operativas y financieras de la empresa?

   _____

4. quiere hacer cálculos?

   _____

5. quiere saber cuánto dinero ha pagado y recibido la empresa?

   _____

6. quiere planear los gastos y ganancias de la empresa?

   _____

Gramática

D. Use las palabras siguientes y el vocabulario de este capítulo para escribir por lo menos cinco frases lógicas. Use el condicional.

yo	venir
tú	decir
él	salir
ellos	hacer
	querer

1. _____

2. _____

3. _____

4. _____

5. _____

E. Complete el párrafo con la forma condicional de los verbos siguientes.

> poner   poder   hacer   decirle   saber   tener

Si fuera el contador, yo (1.) _____ muchas cosas diferentes. Primero, yo le (2.) _____ al

gerente que no siguiéramos gastando dinero como lo gastamos ahora. También yo (3.) _____ más

dinero en la nómina. Así la compañía (4.) _____ pagar más dinero a los empleados y tantos

empleados no (5.) _____ que dejar la compañía. En fin, yo (6.) _____ ayudar a la compañía.

F. Termine las frases siguientes usando el condicional de los verbos a continuación.

Si la contadora tuviera más tiempo,...

1. hacer cuadrar las cuentas _____

2. poder pagar a plazos _____

3. querer depositar el dinero _____

4. tener que ajustar el presupuesto _____

5. saber el balance final _____

Paso 3

Vocabulario

A. Describa lo que se hace para resolver los problemas siguientes.

1. Ud. ha perdido la tarjeta de crédito.

_____

2. La compañía está en bancarrota.

_____

3. Se olvidó el código para su carnet.

_____

4. Ud. tendrá que pagar una deuda después de la fecha de vencimiento.

_____

5. Ud. trató de transferir fondos electrónicamente pero no funcionó.

_____

B. Empareje las palabras asociadas y entonces úselas en una frase lógica.

_____ 1. fracasar un negocio   a. sin fondos

_____ 2. perdonar   b. la deuda

_____ 3. hacer cuadrar   c. las cuentas

_____ 4. el sobregiro   d. la bancarrota

_____ 5. la fecha de vencimiento   e. pagar tarde

1. _____

2. _____

3. _____

4. _____

5. _____

C. ¿Cuáles son las diferencias y similaridades entre las personas o cosas siguientes?

1. el contador y el tenedor de libros

_____

_____

2. el cheque y el cheque bancario

_____

_____

3. el pagaré y el préstamo

_____

_____

4. la utilidad neta y los activos

_____

_____

5. la banca telefónica y el cajero automático

_____

_____

Gramática

D. Complete las oraciones con la forma apropiada del verbo **haber** y termine la frase de una manera lógica según el modelo.

Ejemplo: Si él _____ escrito la carta, _____

Si él hubiera escrito la carta, habríamos recibido los productos.

1. Si nosotros _____ hecho el informe, _____

2. Si tú _____ diseñado una campaña publicitaria mejor, _____

3. Si yo _____ hablado con el gerente, _____

4. Si ella _____ solicitado el puesto, _____

5. Si ellos _____ invertido más dinero, _____

E. Escriba por lo menos cinco frases describiendo lo que Ud. habría hecho si hubiera sabido todos los problemas causados por el sobregiro del cheque. Use el condicional perfecto.

Si yo hubiera sabido todos los problemas,...

_____

_____

_____

_____

_____

_____

F. Escriba por lo menos cinco frases describiendo lo que el banquero habría hecho si hubiera sabido que el cliente mintió en la solicitud para el préstamo. Use el condicional perfecto.

Si el banquero hubiera sabido que el cliente mintió,...

_____

_____

_____

_____

_____

_____

Escribamos

El banquero se equivocó y en vez de entrar su retiro una vez, lo entró dos veces. Ud. no se dio cuenta del error hasta que ya había escrito unos cheques sin fondos. Ahora tiene unos sobregiros que no debería tener. Escriba una carta al banco para explicar y resolver el problema.

_____

_____

_____

_____

_____

_____

_____

_____

_____

_____

Lectura

La fusión de los bancos Santiago y Santander

Los bancos Santiago y Santander Chile han propuesto una fusión. Esta decisión surgió de la decisión del grupo Luksic de vender el Banco Santiago al Banco Santander Central Hispano (BSCH). Los banqueros chilenos apoyaron una eventual fusión de los bancos. En una declaración pública, que no menciona específicamente el caso del BSCH y el Santiago, la Asociación de Bancos e Instituciones Financieras respaldó hoy la llegada a Chile de grandes empresas extranjeras, que piensen establecer en el país su sede regional, así como la salida al exterior de las firmas locales. Afirma que tales incursiones indican que el país está pasando por una época de globalización de la economía y que este progreso constituye una señal de confianza en el futuro económico de Chile por parte de los inversionistas internacionales.

A pesar de eso, las autoridades y los sectores políticos no quieren ver esta fusión porque le daría a la entidad nueva demasiado control e influencia en el sistema financiero. La fusión daría paso a un megabanco que controlaría cerca del 30 por ciento del mercado, medido por el nivel de créditos.

Preguntas

1. Describa los cambios que van a ver los bancos Santiago y Santander Chile.

    _____

    _____

2. ¿Por qué van a cambiar?

    _____

    _____

3. ¿Cómo reaccionan los banqueros chilenos? ¿Por qué?

    _____

    _____

4. ¿Cómo reaccionan otras autoridades y sectores políticos? ¿Por qué?

    _____

    _____

CAPÍTULO 10

Finanzas II

Paso 1

Vocabulario

A. Dé una definición en español de las palabras siguientes.

1. el rendimiento _____

2. el interés compuesto _____

3. hipoteca _____

4. el haber _____

5. la línea de crédito _____

6. la escalada _____

7. el dividendo _____

8. el legado _____

9. la utilidad _____

10. el bono _____

B. Complete el párrafo con las palabras apropiadas.

> tasa de interés   accionista   rendimiento   escalada alcista   hipoteca

El (1.) _____ está muy satisfecho con el (2.) _____ de sus inversiones

recientemente. Debido a la (3.) _____ de la Bolsa, ha ganado mucho dinero. Por eso, ha

podido renegociar la (4.) _____ de su casa para recibir una (5.) _____ mucho mejor.

C. Escriba un párrafo usando las palabras siguientes.

invertir	prestar	liquidar
capital	aval	debe
tasa de interés	plazo fijo	haber

_____

_____

_____

_____

_____

_____

_____

_____

Gramática

D. Complete el párrafo con la forma apropiada del verbo usando el imperfecto del subjuntivo.

diversificar   poder   haber   perder   caer

El inversionista siempre temía que sus clientes (1.) _____ mucho dinero en las acciones cuando

hacían inversiones tan riesgosas. Siempre era posible que la Bolsa (2.) _____ y por eso les recomendó

a sus clientes que (3.) _____ las inversiones, pero ellos negaron que (4.) _____ riesgo.

Después de tal desastre, era muy dudoso que (5.) _____ recuperar sus pérdidas.

E. Use las palabras siguientes y el vocabulario de este capítulo para formar cinco frases completas.

Temía		yo
Sugirió		nosotros
Era importante	que	Ud.
No creyó		ellos
Sería mejor		

1. _____

2. _____

3. _____

4. _____

5. _____

F. Escriba un párrafo sobre el tema siguiente. Use el subjuntivo y las expresiones sugeridas.

Tema: El empleado que acaba de jubilarse había invertido su dinero sabiamente en una cuenta individual de retiro. Describa lo que hizo.

Frases sugeridas: Era necesario
Le recomendó
Dudó
Negó
Nos aconsejó

_____

_____

_____

_____

_____

_____

_____

Paso 2

Vocabulario

A. Use las expresiones siguientes en una frase lógica.

1. sujeto a impuestos

_____

2. el año fiscal

_____

3. registrar los impuestos

_____

4. el formulario de declaración de renta

_____

5. el código fiscal

_____

B. Determine si las frases siguientes son ciertas o falsas. Si son falsas, corríjalas.

1. Las personas en una banda impositiva más alta son pobres.

_____

2. En muchas partes de los Estados Unidos la comida está libre de impuestos sobre la venta.

_____

3. Se pueden deducir las contribuciones a obras de caridad.

_____

4. El ingreso bruto ajustado es la cantidad de dinero que ganamos sin ninguna desgravación.

_____

5. Las personas que no pagan los impuestos violan el código fiscal y pueden ir a la cárcel.

_____

C. Conteste las preguntas siguientes.

1. ¿Es mejor estar en una banda impositiva alta o baja? ¿Por qué?

_____

2. ¿Es mejor tener muchas o pocas exenciones? ¿Por qué? ¿Cuáles son unos ejemplos de exenciones?

_____

_____

3. ¿Es mejor estar soltero o casado cuando se paga los impuestos? ¿Por qué?

_____

4. ¿Qué tipos de ganancias están sujetos a impuestos?

_____

_____

5. Qué tipos de ganancias están libres de impuestos?

_____

_____

Gramática

D. Use los fragmentos siguientes para terminar las frases de una manera lógica.

el código fiscal ser más fácil de entender
tener que pagar tantos impuestos
deducir más dinero
poder encontrar más deducciones
entender el formulario

1. No tendría que pagar tantos impuestos si _____

2. Podría comprar más cosas que quiero si no _____

3. Sería más fácil pagar los impuestos si _____

4. Podría reducir la cantidad de dinero que debo si _____

5. Sería más fácil calcular los impuestos si _____

E. Su amigo no sabe lo que necesita hacer para pagar los impuestos. Déle por lo menos cinco sugerencias según el modelo.

    Ejemplo: Para pagar los impuestos, calcularías todos los ingresos.

1. _____

2. _____

3. _____

4. _____

5. _____

F. Use las frases de las dos columnas para formar frases lógicas usando el condicional y el imperfecto del subjuntivo.

no me importar pagar tantos impuestos   ser lógico
tener que pagar más impuestos   poder encontrar mi formulario de declaración
registrar los impuestos   si   ganar más dinero
haber contribuir a más caridades   saber que se las puede deducir
poder entender el código fiscal   estar seguro que los impuestos son justos

1. _____

2. _____

3. _____

4. _____

5. _____

Paso 3

Vocabulario

A. Complete el párrafo con las palabras apropiadas.

> prima reclamación seguro automovilístico
> declarado culpable cobertura comprensiva asegurador

Este fin de semana tuve un accidente. Afortunadamente, tengo (1.) _____ y una

muy buena (2.) _____ , y por eso, no tengo que pagar nada aunque fui

(3.) _____ . Ahora tengo que hacer una (4.) _____ . Sin duda el

(5.) _____ va a aumentar mi (6.) _____ .

B. Describa la importancia de tener los seguros siguientes.

1. el seguro de salud

   _____

   _____

2. el seguro de vida

   _____

   _____

3. el seguro automovilístico

   _____

   _____

4. el seguro de propiedad

   _____

   _____

5. el seguro de accidentes de trabajo

   _____

   _____

C. Use las palabras sigientes en una frase lógica.

1. la póliza _____

2. la cobertura _____

3. reclamar _____

4. declarar culpable _____

5. la prima _____

Gramática

D. Complete el párrafo con la forma apropiada del verbo.

> poder   tener   hacer   ser   proveer

¡Hay tantos formularios que hay que rellenar para obtener los seguros necesarios! ¡Y quién

(1.) _____ bastante tiempo para hacer todo eso! Es como si no (2.) _____ nada todo el día y

(3.) _____ posible pasar todo el día con estos formularios. No tendría que hacer todo este trabajo si mi

compañía (4.) _____ seguros a sus empleados. ¿Hay alguien que me (5.) _____ ayudar con

estos formularios?

E. Complete las oraciones con la expresión apropiada.

> como si   qué   quién

1. ¡_____ cosa tan terrible!

2. ¡_____ pudiera remediar mis problemas!

3. Esa compañía cobra los seguros _____ no tuviera competencia.

4. ¡_____ me vendiera una póliza justa!

5. Nos niegan el préstamo _____ nosotros no tuviéramos credenciales.

F. Responda a las preguntas o exclamaciones siguientes. Use las frases **qué**, **quién** o **como si** y el subjuntivo.

1. ¡Los seguros son tan caros! _____

2. ¡Me declaró culpable! _____

3. ¡Me han aumentado la prima otra vez! _____

4. Esta póliza no incluye todo lo que necesito. _____

5. No entiendo el formulario. _____

Escribamos

Escriba unos párrafos sobre el estado personal de sus inversiones y seguros.

_____

_____

_____

_____

_____

_____

_____

_____

_____

_____

_____

Lectura

El Banco Mendoza: un banco quebrado

El Banco Mendoza es una entidad financiera argentina privada que sufrió una severa sangría de depósitos, lo cual tuvo una fuerte influencia negativa regional en la economía de la provincia de Mendoza. Ahora el banco está liquidado, pero recientemente reunió un volumen poco significativo de 512 millones de pesos en depósitos, un 0,66% del monto global de las imposiciones bancarias. Por eso, según el Banco Central y las autoridades del gobierno, los ahorristas del Banco Mendoza comenzaron a recuperar dinero el lunes pasado. Otra noticia positiva es que las 62 sucursales de la entidad pudieron abrir sus puertas tras ser adquiridas por otras nueve instituciones líderes del sistema, que suelen actuar con frecuencia como red de salvamento. Esta red de salvamento está compuesta por bancos de capital extranjero como el británico Roberts y de capitales nacionales como el Banco Credicoop aunque el mayor comprador de filiales fue el estatal Banco Nación Argentina.

A pesar de estas buenas noticias, la justicia investiga la posible comisión de delitos económicos por vaciamiento del Banco Mendoza en una causa en la que fueron procesados 34 ex funcionarios de la institución.

Preguntas

1. ¿Qué problema sufrió el Banco Mendoza?

   _____

   _____

2. ¿Lograron resolver este problema? ¿Cuál es el estado actual del banco?

   _____

   _____

3. ¿Qué hicieron con las sucursales?

   _____

   _____

4. ¿Por qué investigan a los ex funcionarios del banco?

   _____

   _____

CAPÍTULO 11

Asuntos legales en los negocios

Paso 1

Vocabulario

A. ¿Qué palabra no pertenece? Escoja la palabra que no pertenece al grupo y explique por qué no pertenece.

1. el testigo   el perito   el alguacil

    _____

2. el juez   el acusado   el abogado

    _____

3. inocente   el castigo   la multa

    _____

4. el soborno   el acoso sexual   el derecho

    _____

5. detener   infringir   violar

    _____

B. Complete el párrafo con las palabras apropiadas.

> veredicto   policía   fianza   acusado   fiscal
> jurado   emitir   abogado defensor   juicio

El (1.) _____ ha detenido a mi colega. Él está (2.) _____ de evasión fiscal. Ayer, su mujer

pagó la (3.) _____ y ahora está libre hasta que el caso vaya a (4.) _____. Tiene el mejor

(5.) _____ en el estado. Eso es importante porque el (6.) _____ está seguro de

que el (7.) _____ va a (8.) _____ un (9.) _____ de culpable.

C. Dé el verbo asociado con el sustantivo y use el verbo en una frase completa.

1. el testigo _____

_____

2. el castigo _____

_____

3. la calumnia _____

_____

4. el juicio _____

_____

5. el acusado _____

_____

Gramática

D. Termine las frases de una manera lógica.

1. Busqué un abogado que _____

2. Quería un jurado que _____

3. El juez recomendó que _____

4. El acusado dudó que _____

5. Era imposible que el policía _____

E. Complete el párrafo con la forma apropiada de los verbos a continuación. ¡Ojo! No todas las frases requieren el subjuntivo.

| ser | violar | poder | testificar | cometer |

La esposa de mi colega dudó que su marido (1.) _____ la evasión fiscal. Ella no creyó que el fiscal

(2.) _____ probar la culpabilidad de su marido. El abogado defensor recomendó que ella

(3.) _____ porque creyó que sería una testigo muy confiable. Ella estaba segura de que

(4.) _____ imposible que su marido (5.) _____ la ley.

F. Escriba un párrafo usando las expresiones siguientes y el subjuntivo.

temía	no había nadie	no creyó	insistió en
el testigo	el acusado	el policía	el abogado

_____

_____

_____

_____

_____

_____

_____

_____

Paso 2

Vocabulario

A. Determine si las frases siguientes son ciertas o falsas. Si la frase es falsa, explique por qué.

1. En los Estados Unidos, uno de los derechos del acusado es el derecho de tener un defensor público si no se tiene el dinero para emplear a un abogado privado.

_____

2. Para un caso penal, el jurado consiste en doce personas.

_____

3. Es siempre posible obtener fianza.

_____

4. Cuando el jurado determina que una persona es culpable de participar en el crimen organizado, la persona típicamente recibe una multa.

_____

5. Cuando no se puede llegar a un arreglo, hay que recurrir a los tribunales.

_____

B. Escriba una definición de las palabras a continuación.

1. el robo _____

2. el asesinato _____

3. la discriminación racial _____

4. el desfalco _____

5. la calumnia _____

6. la extorsión _____

7. el soborno _____

C. Use las palabras siguientes en un párrafo lógico.

juez	fianza	respetar la ley
sentenciar	estar libre	cometer un delito
culpable	riesgo	encarcelar

_____

_____

_____

_____

_____

_____

_____

_____

_____

_____

Gramática

D. Termine las frases siguientes de una manera lógica. Use el imperfecto del subjuntivo

1. No habría tanto crimen si _____

2. El acusado no habría huido estando en libertad bajo fianza si _____

3. El jurado habría determinado que el acusado era inocente si _____

4. El acusado solamente habría recibido una multa si _____

5. El testigo habría testificado si _____

E. Use las palabras a continuación y expresiones propias para escribir frases completas. Use el imperfecto del subjuntivo. (Tiene que agregar algunas palabras para que las oraciones estén correctas.)

1. el jefe/no creer/su empleado/desfalco

   _____

2. ser importante/tú/testificar

   _____

3. el acusado/temer/jurado/encontrarlo/culpable

   _____

4. el juez/insistir en/el acusado/restitución

   _____

5. los clientes/esperar/la compañía/llegar a un arreglo

   _____

F. Termine las frases siguientes con por lo menos tres expresiones propias. Use el subjuntivo.

1. La mujer no habría cometido el delito si _____

   _____

2. No habría tanto acoso sexual si _____

   _____

3. El hombre no necesitaría un abogado si _____

   _____

Paso 3

Vocabulario

A. Dé por lo menos dos palabras que se asocian con las palabras siguientes y entonces usen las palabras en una frase lógica.

1. el/la abogado/a _____ _____

   _____

2. castigar _____ _____

   _____

3. inocente _____ _____

   _____

4. el soborno _____ _____

   _____

5. juzgar _____ _____

   _____

B. ¿Bajo qué circunstancias se hace lo siguiente?

1. poner una demanda _____

   _____

2. testificar _____

   _____

3. sentenciar a alguien _____

   _____

4. retirar los cargos _____

   _____

5. violar la ley _____

   _____

Nombre _____   Fecha _____

C. Dé la palabra opuesta y una definición de las dos palabras.

1. estar prohibido _____

_____

2. retirar los cargos _____

_____

3. inocente _____

_____

4. delito menor _____

_____

5. demandante _____

_____

Gramática

D. Escriba un párrafo usando el vocabulario de este capítulo y las expresiones siguientes. Use el imperfecto del subjuntivo.

no había nadie	buscó	era importante
como si	recomendó	

_____

_____

_____

_____

_____

_____

_____

_____

_____

_____

E. Use las palabras siguientes y expresiones propias para formar frases completas. Use el imperfecto del subjuntivo.

1. no haber nadie/ver/el asesinato

   _____

2. las autoridades/buscar/alguien/testificar

   _____

3. el fiscal/necesitar/perito/saber hacer análisis de ADN

   _____

4. el testigo/testificar/con tal de que/darle/protección

   _____

5. el acusado/confesar/para que/el juez/no poder sentenciar/pena de muerte

   _____

F. Escriba un párrafo usando el vocabulario de este capítulo y las expresiones siguientes. Use el subjuntivo.

sugirió   era preferible   dudó
sintió   para que

_____

_____

_____

_____

_____

_____

_____

_____

_____

_____

Escribamos

Busque información en el periódico o el Internet sobre un caso legal reciente y escriba un informe sobre los detalles.

_____

_____

_____

_____

_____

_____

_____

_____

_____

_____

_____

_____

Lectura

La UE y el dictamen bananero

Hace unos meses la Organización Mundial de Comercio hizo público un dictamen que declaró ilegal la importación de bananas de la Comisión Europea. Un panel de la OMC dictaminó que el sistema de importación bananera violaba las reglas de la OMC discriminando contra las importaciones de bananas latinoamericanas en favor de las ex colonias europeas en el Caribe y África. El panel autorizó a los Estados Unidos a imponer sanciones de hasta 191,4 millones diarios a la UE.

La Comisión Europea dijo ayer que no apelará el dictamen. Además la Comisión Europea anunció que funcionarios de la UE y de los Estados Unidos se reunirán esta semana para determinar de qué modo la organización europea podrá encuadrar su régimen de importación bananera dentro de las reglas de la OMC y evitar las multas que se han autorizado a los Estados Unidos para recobrar los perjuicios a los exportadores norteamericanos.

Preguntas

1. Según lo que puede determinar del artículo, ¿qué es la OMC?

_____

_____

2. ¿Quiénes son los miembros de la Comisión Europea?

_____

_____

3. Describa el conflicto que existe entre estas entidades.

_____

_____

4. ¿Qué decidió la UE?

_____

_____

5. ¿Para qué se reunirán los miembros de la UE y de los Estados Unidos?

_____

_____

CAPÍTULO 12

Consideraciones éticas

Paso 1

Vocabulario

A. Use las palabras siguientes en una frase lógica.

1. engañador _____

2. la amenaza _____

3. la patente _____

4. mentir _____

5. los derechos de reproducción _____

_____

B. Complete el párrafo con las palabras apropiadas.

> mentiras   amenazar   calumnia   reputación   agresión   engañador

Cada empleado en la empresa ya sabía que el oficinista es un (1.) _____ , pero ahora hay un

escándalo grande. Se dice que este oficinista hizo correr unas (2.) _____ sobre otro empleado.

Entonces el otro empleado lo (3.) _____ al oficinista. Ahora vamos a ver dos demandas: una por

(4.) _____ y la otra por (5.) _____ . Lo peor es que los dos empleados han perdido su

(6.) _____ para siempre.

C. Determine si las frases siguientes son ciertas o falsas. Si son falsas, explique por qué.

1. La ley de propiedad intelectual protege las páginas Web.

_____

2. Es normal y legal hacer trampas en una campaña publicitaria.

_____

3. Se puede piratear el soporte lógico con un grabador de CD-ROM.

_____

4. La extorsión es un delito en que una persona amenaza a otra para obtener dinero.

_____

5. El fraude es un delito igual al robo.

_____

Gramática

D. Sustituya las palabras subrayadas con los pronombres apropiados.

1. Van a ofrecer <u>el puesto</u> <u>a ellos</u>.

_____

2. Quieren prestar <u>el dinero</u> <u>a ella</u>.

_____

3. Explique <u>el problema</u> <u>a él</u>.

_____

4. Él enseña <u>el informe</u> <u>a ellos</u>.

_____

5. Él recomienda <u>al otro aspirante</u> <u>al gerente</u>.

_____

E. Traduzca las frases siguientes al español.

1. They speak with each other every day about the ad campaign.

_____

2. Mr. López and Mrs. Smith see each other often in sales meetings.

_____

3. The consultants tricked each other with their lies.

_____

4. They were threatening each other before the fight.

_____

5. They slandered each other while speaking to the boss.

_____

F. Cambie las frases a la voz pasiva impersonal con **se**.

1. Los gerentes no permiten mentiras.

   _____

2. La ley prohibe el fraude.

   _____

3. La campaña publicitaria engaña al público.

   _____

4. La gente no considera muy profesional este comportamiento.

   _____

5. El supervisor exige que los empleados trabajen ocho horas.

   _____

Paso 2

Vocabulario

A. Dé una definición de las palabras siguientes.

1. la norma _____

2. el estándar de vida _____

3. el respeto mutuo _____

4. la discriminación _____

5. la política _____

B. Complete el párrafo con las palabras apropiadas.

> respetar   creencias   promover   comprensión   comunidad global

En nuestra (1.) _____ es muy importante tratar de practicar la

(2.) _____. Debemos (3.) _____ las costumbres y las (4.) _____ de otras

naciones. Así romperemos las barreras culturales y (5.) _____ buenas relaciones.

C. Describa la diferencia ente lo siguiente.

1. la clase económica y la clase social

_____

_____

2. el idioma y el dialecto

_____

_____

3. la raza y el origen

_____

_____

4. la costumbre y la cultura

_____

_____

5. la ideología y la filosofía

_____

_____

Gramática

D. Use los verbos y las frases a continuación para formar frases lógicas.

fascinar	preocupar	tocar
importar	interesar	encantar

1. las costumbres de otras culturas _____

2. ampliar los horizontes _____

3. el estrato social _____

4. la discriminación _____

5. las creencias _____

6. el origen _____

Nombre _____   Fecha _____

E. Conteste las siguientes preguntas personales.

1. ¿Qué le fascina de otras culturas?

   _____

2. ¿Qué lo/la asombra de otras culturas?

   _____

3. ¿Qué le preocupa del mundo de hoy?

   _____

4. ¿Qué le fastidia cuando viaja a otros países?

   _____

5. ¿Qué le gustaría aprender de otras culturas?

   _____

6. ¿Qué le importa en su puesto actual?

   _____

7. ¿Qué le cuesta mucho hacer en su puesto actual?

   _____

8. ¿Qué le falta en su puesto actual?

   _____

9. ¿Qué le encanta hacer en su puesto actual?

   _____

10. ¿Cuáles de sus colegas le caen bien/mal y por qué?

    _____

Paso 3

Vocabulario

A. Identifique la palabra o frase que no pertenece al grupo y explique por qué.

1. escasez   efecto invernadero   calentamiento de la Tierra

   _____

2. tránsito   deforestación   combustibles

   _____

3. capa de ozono   atmósfera   lluvia ácida

   _____

4. sobrevivir   purificar   limpiar

   _____

5. lata   vidrio   extinción

   _____

B. Complete el párrafo con las palabras apropiadas.

> reciclar   desperdicios tóxicos   medio ambiente   deforestación
> conservar   calentamiento de la Tierra   contaminación

Uno de los problemas más serios que tenemos que resolver en el siglo XXI será la destrucción del

(1.) _____. La basura y los (2.) _____ contribuyen al problema de

la (3.) _____. Además, cada vez que se corta un árbol se contribuye al problema de la

(4.) _____. Finalmente, el humo que las fábricas y los coches producen causa el

(5.) _____. En este siglo será muy importante (6.) _____ y

(7.) _____ el medio ambiente.

C. Explique las causas de lo siguiente.

1. la extinción

_____

_____

2. la lluvia ácida

_____

_____

3. la contaminación

_____

_____

4. la explosión demográfica

_____

_____

5. el efecto invernadero

_____

_____

Gramática

D. Termine las frases de una manera lógica usando el gerundio y el vocabulario de este capítulo.

1. La gente sigue _____

2. El hombre empezó _____

3. Encontramos a la mujer _____

4. Ellos están _____

5. Observó al hombre _____

E. Traduzca las frases siguientes al español. Use el gerundio o el infinitivo.

1. The scientist will continue studying the problem of acid rain.

   _____

2. The cartoon represents a factory polluting the air.

   _____

3. Understanding the problem and doing something about it are two different things.

   _____

4. The water containing contaminants will be purified.

   _____

5. All living beings have the right to survive.

   _____

F. Escriba un pequeño memorándum que motive a sus empleados a seguir el programa de reciclaje impuesto por la compañía. Puede usar las siguientes frases.

   La compañía está...   Nosotros seguiremos...
   Yo les observé...   Los directores continuarán...

   _____

   _____

   _____

   _____

   _____

   _____

   _____

   _____

   _____

   _____

   _____